日本語と韓国語における

敬語の意味・機能に関する研究

鄭 貞美 著

白帝社

まえがき

本書は、2014年9月24日、神戸市外国語大学大学院外国語研究科文化交流専攻博士後期課程の修了とともに提出した博士論文「日本語と韓国語における敬語の意味・機能に関する研究」を、手を加えずそのままの原稿で出版をしたものである。

本書の構成は、第Ⅰ部とⅡ部に分けており、第Ⅰ部では日本語と韓国語の助詞・用言・人称詞や呼称における敬語の意味機能、そして第Ⅱ部では日本語と韓国語における美化語の意味機能を中心に論じている。その詳細であるが、1章から10章までの構成になっており、第1章の「序論」、第2章の「日本語と韓国語の敬語の概要及び先行研究」、第6章の「美化語の先行研究とその定義」、そして第10章の「結論」は、1冊の論文集としてまとめるために書いた新稿である。

そして「成稿一覧」でみるように、第3章「韓国語と日本語の敬語助―主体（主語）助詞を中心に―」、第4章「韓国語の「－겠－gess」に関する意味機能の考察―敬語に付くケースを中心に―」、第5章「日韓における人称詞・呼称の「あなた」と「当身」―等称・下称・敬称を含む多義性の考察―」、第7章「日本語における接頭辞「御」の付く語彙について―「ミ」の派生の諸側面―」、第8章「韓国語に見られる美化語の要素―「말씀 malsseum」と「薬酒 yagjju」を中心に―」、第9章「日本語の乳幼児語にみる美化語」は査読付きの学術雑誌に掲載した原稿である。

本書は、韓国語と日本語の敬語に関する研究成果を踏まえ、両言語の形態的類似性の中で助詞・用言・人称代名詞における相違点や特徴、そしてそれぞれの言語の美化語に関して名詞レベルで追究を行っており、さらには語用論的観点に立っていることである。

本書の執筆にあたってその成果を大まかに言えば、日本語と韓国語における敬語、なかんずく美化語は何かという定義を明確にしていることである。美化語は、「品格」・「双方向性」・「任意性」、尊敬語から美化語の派生ケース、乳幼児語における美化語の機能と役割、さらには韓国語にも美化語の要素があるのを突き止めていることである。その大前提は美化語を敬語の範疇に入れていることである。

2016年9月　吉日　鄭 貞美

目次

第１章　序論

１．本研究の目的

日本語と韓国語は語順や語彙の構造、形態、かつ文法などにいくつも類似性が見られ、とりわけ敬語という文法システムが発達している点もそんな類似性の１つとして指摘されている。そこで、両言語の敬語に着目して各々の研究成果を踏まえ、敬語の中での助詞・用言・人称詞・名詞における相違点や特徴を追究することを目的とする。

日本語と韓国語に関する敬語の研究は、様々な分野において厖大な数に上る。その中で敬語の分類や用語も多岐に亘っており、多様性に満ちている。本研究では、本研究なりの目的や関心に基づいて先行研究を整理しつつ、混乱を招かず理解しやすい敬語の分類や用語を導入していく。特に、本研究では日本語と韓国語の対照研究の視点をとるため、日韓の接点を説明できる敬語の分類は不可欠である。そのため、日韓の敬語の分類は日本語の分類に沿う形にするが、日本語の中でもその分類や用語は多様である。韓国語との対照に最適とも言える尊敬語・謙譲語・丁寧語・美化語の４分類に基づいて進めて行くことにする。

２．本研究の視点

２－１．日韓の類似点と相違点

すでに言及したように、日本語と韓国語は構造的にも敬語の体系的にも非常に似た発達をしている。ことに日本語の敬語は、名詞や動詞において構造化、文法化されて、なお細分化され、その機能は複雑である。一方、韓国語は日本語に比べ構造的にはシンプルであるが、人物に対して敬意を表す場合、述語を中心として構造化されている傾向が強く、日本語では見られない人称や助詞の敬語まで発達している。

そして、両言語における敬語の類似性は認められるものの、その使い方に相違点が存在している点も、予め断っておきたい。つまり、敬語を使うに当たって日本語は身内か身内でないかが第１基準となり、韓国語は話者より目上か目下かが第１基準となる。要するに、同じく敬語が発達していてもどの様な基準で、どのように使用するのかが異なるため、それぞれ「相対敬語」

と「絶対敬語」と言われている[1]。特に、日本語の尊敬語は、身内同士の環境で初めて韓国語と同じ「絶対敬語」の対象になるのである。

さらに、両言語における敬語をめぐる用語の複雑さ、そしてその分類について異論が多いのを指摘せざるを得ない。日本語における敬語は、尊敬語・謙譲語・丁寧語・美化語のように分けたりしているが、この４つの用語や、その分類も多岐に亘っている。さらには、美化語を敬語の範疇に入れない研究者もいる[2]。

２－２．日本語における敬語の分類

日本語の敬語は、金田一京助（1942）をはじめとする多くの研究者が研究を行ってきている。ことに金田一（1942）は、日本語の敬語は絶対敬語を経て相対敬語に変遷しており、「相対敬語」とは第三者敬語が左右される敬語法であるとしている。その後、時枝誠記(1950)は、「詞」の敬語、「辞」の敬語と定義を行っている。さらに、三上章(1953)は「見上げ」・「押し上げ」・「へり下り」・「丁寧さ」に分類しているが、三上(1959)では「コトの敬語」・「伝達の敬語」の２つに分類している。渡辺実（1971）は、三上（1953）の４つの分類に沿って、「偽手敬語」・「受手敬語」・「謙譲」・「聞き手敬語」の４つに分けている。

また、辻村敏樹（1967）の「素材敬語」・「対者敬語」の２分類に対して、菊地康人(1994)は「尊敬語」・「謙譲語」・「丁寧語」の三分法を提示しながらも、「敬語」と「準敬語」の２分類をしている。菊池(1994)の三分法における「謙譲語」の中には、さらに「謙譲語Ａ」・「謙譲語Ｂ」・「謙譲語ＡＢ」があり、丁寧語の中には「美化語」を含めている。

西田直敏（1995）は「自敬表現」について、「話し手」(第一人称者)が自分の動作や自分に関するもののことを尊敬語によって表し、「聞き手」や第三者の第一人称者(話し手)に対する行為を謙譲語によって表現する言語表現であるとし、話者が自分自身を「聞き手」、第三者よりも上位に位置づけた敬語表現が「自敬表現」であるとする。

最近、益岡隆志（2007、2009）は、従来とは異なる視点で文法的な側面に着目して尊敬構文を「内」と「外」という敬語の主観性のモダリティの観点に基づいて追究をしている。広義の事象（event）における主体と相手に対する敬意を表す構文の構造の基盤となる、「ナル vs. スル」の対立を自動詞（自発性動詞）＝「自発性（HAPPEN)」と、「誘発性（CAUSE)」の「行為性（ACT」」対立性の構文の見方により対立性を基盤とする「ナル(自発性)形構文」と「スル(行為性)形構文」という尊敬構文の構造を文法的視点から分けている。

このように、敬語の分類には様々な見解が存在しているが、「尊敬語」・「謙譲語」・「丁寧語」の３つ(3)、そして「尊敬語」・「謙譲語Ⅰ」・「謙譲語Ⅱ」・「丁寧語」・「美化語」の５つの分類が本研究の考え方に近い(4)。本研究では、この敬語の５つの分類の中で「謙譲語Ⅰ」や「謙譲語Ⅱ」を１つの謙譲語として見なし、尊敬語・謙譲語・丁寧語・美化語という４つの分類に基づくものとする。美化語を敬語の範疇に入れることについては、第６章で詳しく触れることにする。

２－３．韓国語における敬語の分類

韓国語の敬語の研究は、1800 年代後半から断片的に行われているが、それらは外国人の研究者によって始まる。韓国語の待遇現象に対して最初に認識をもったのは、ダレット（Dallet）（1874）である。その後、周時経（1910）が現代的な文法研究を提唱して以来、許雄(1953)、李崇寧(1964)、崔鉉培（1971)、李翊燮(1974)、金亨奎（1975)、徐正洙(1972・1984)、成耆徹（1970・1985）などが待遇法の研究を行っている。特に、1950 年代後半から 1960 年代半ばまでの激しい待遇法の議論は、許雄（1953）が学会に紹介してから本格化されたものである。これらの研究者の様々な待遇法の分類や用語は多岐に亘り、未だに乱立している様子を見せている。例えば、許雄(1953)は尊待法、成耆徹（1970・1985）は待遇法、李翊燮(1974)は敬語法としている。これ以外にも「恭待法」、「尊卑法」、「言葉の待接法（말 대접법 mal daejeobeob)」、「もっと謙る法（더 낮춤법 deo nachumbeob)」、「もっと崇める法（더 높임법 deo nopimbeob)」、「崇める法（높임법 nopimbeob)」、「尊敬法」などの用語が用いられている。

李潤夏(2001)は、これらの様々な名称に対して高めることだけを表す名称としては「敬語法」・「尊待法」・「尊敬法」・「崇める法（높임법 nopimbeob)」、高めるのと低めることの両方を表す名称としては「尊卑法」・「もっと謙る法（더 낮춤법 deo nachumbeob)」・「もっと崇める法(더 높임법 deo nopimbeob)」、高めることも低めることも表さない名称としては「待遇法」・「言葉の待接法

（말 대접법 mal daejeobeob)」・「もっと謙る法（더 낮춤법 deo nachumbeob)」と整理している。

そして金順任（2006）は、これらの中で学会においてそれなりの注目を集めている研究者と敬語の用語について、以下のようにまとめている。

氏名	用語	話題人物（主語/主体）	話題人物（目的語）	聴者
許雄（1963）	尊待法	主体尊待	客体尊待	相対尊待
成耆徹（1970）	待遇法	主体尊待	（言及なし）	聴者待遇
徐正洙（1972）	待遇法・敬語法	主体待遇	客体待遇	相対待遇
李翊燮（1974）	敬語法	主体敬語法	客体待遇法	相対敬語法

＊この表は、金順任（2006）『韓国語と日本語の第三者敬語の対照研究
（한국어와 일본어의 제 3자 경어 대조연구）』博而精、韓国）による。

この中でも「敬語法」は、金根洙（1947）が使い始め、李崇寧（1954）、安秉禧（1961）、李翊燮（1974）などを経て、韓国の学界で広く使用されている。また、成耆徹（1970）だけが２つに分類をしており、残りのすべては３つに分類をしていることがわかる。この３つの分類は、日本語の「尊敬語」・「丁寧語」・「謙遜語」に見なすことができる。したがって、韓国語の敬語は、ほとんど日本語と同じ分類の体系であると言える。

２－４．分類の視点

日本語における美化語を敬語に入れるかどうかの議論は多いが、本研究では美化語を敬語の範疇に入れて論を進める。その根拠については、第６章で詳しく言及する。また、韓国語には美化語が存在しないという現段階の研究成果を覆しながら韓国語における美化語を見つけて論ずる。韓国語における美化語の立証は、美化語が発達している日本語の基準に照らし合わせることにする。

敬語の視点に立った場合、日韓では「相対敬語」と「絶対敬語」という使用時に当てはめる基準が異なっているが、論を進める上で大きな問題にはならない。というのは、日本語は身内同士の環境で敬語を使うため、結局は敬語を用いるのは韓国の「絶対敬語」と同じであるからである。

3．本研究の分析方法

日本語と韓国語の敬語は、如何なる場面で用いたかによって、その意味合いが変わってくる場合がある。そのため、どのような状況や場面で使われた発話や単語なのかを明確にし、語用論の観点に立ってどんな場面で日本語と韓国語の違いが生じ、どういうところで類似点がみられるかを、敬語の特徴を踏まえながら、実際に使われる表現を中心にその意味機能を考察する方法をとる。

語用論の観点と言うと、そこには「話し手」や「聞き手」の上下関係、そしてそれらと話題との関係などが複雑に絡んでくる。この諸事情を考慮しつつ、敬語の用いるありとあらゆる場面を網羅して追究を行う。

具体的には、日本語と韓国語の敬語の助詞・用言・人称詞、美化語（名詞のみ）が対話の中でどのように用いられているのかに着目して、その事例を一つ一つ丁寧に分析する。

本研究では、目的や関心に沿って日本語と韓国語の敬語や美化語に関する先行研究の成果を整理して踏まえつつ、その中で明確になっていないことの解明に注力する。

4．本研究の構成

本研究における全体の構成は、序論（第１章）、第Ｉ部（第２章、第３章、第４章、第５章）、第Ⅱ部（第６章、第７章、第８章、第９章）、結論（第10 章）からなっている。

第Ｉ部「日本語と韓国語の助詞・用言・人称詞や呼称における敬語の意味機能」では、日本語と韓国語の助詞・用言・人称詞における敬語の意味機能、第Ⅱ部「日本語と韓国語における美化語の意味機能」では、日本語と韓国語の会話の中での名詞を中心とする美化語に論点を据えて展開する。ことに韓国語については日本語の美化語の基準に照らし合わせながら論じる。

さらに、もう少し本研究の構成について詳細に示すと、次の通りである。

第１章の序論では、本研究の目的・視点・分析方法・構成を示している。その具体的な構成について述べると、大きく第Ｉ部とⅡ部に分けている。

第Ｉ部第２章の「日本語と韓国語の敬語の概要及び先行研究」では、韓国語と日本語の敬語、その中でも助詞・用言・人称詞や呼称における敬語の意味機能に関する概要及び先行研究について触れる。

第３章の「韓国語と日本語の敬語助詞－主格（主語）助詞を中心に－」では、韓国語の「敬語助詞」「－께서－kkeseo」を取り上げて、日本語ではあまり発達していない「敬語助詞」について対照分析を行う。

第４章の「韓国語の「－겠－gess」に関する意味機能の考察－敬語に付くケースを中心に－」では、韓国語の補助語幹である「－겠－gess」について、尊敬語と謙譲語の用言と結合した際の意味機能を詳細に考察している。

第５章の「日韓における人称詞・呼称の「あなた」と「当身」－等称・敬称・下称を含む多義性の考察－」では、語用論の観点に立って日本語の「あなた」と韓国語の「当身」という人称詞の使い方に見られる相違点を論じている。

第Ⅱ部第６章の「美化語の先行研究とその定義」では、日本語の美化語の定義を行いつつ、先行研究や本研究の課題について述べている。

第７章の「日本語における接頭辞「御」の付く語彙について―「ミ」の派生の諸側面―」では、接頭辞「ミ」の付く一部の尊敬語が美化語化することについて分析を行う。

第８章の「韓国語に見られる美化語の要素－「말씀 malseeum」と「薬酒 yagjju」を中心に－」では、日本語における美化語の定義に基づいて、韓国語における「말씀 malseeum」と「薬酒 yagjju」という美化語の要素をもっている語彙について分析する。

第９章の「日本語の乳幼児語にみる美化語」では、大人だけが使うと見なしている美化語が乳幼児期にも用いられることについて考察を行っている。

第10章の結論では、本研究で得られた考察内容についてまとめている。

このような構成でもって、本研究では敬語を４つ（尊敬語・謙譲語・丁寧語・美化語）に分類しつつ、第Ⅰ部では尊敬語・謙譲語・丁寧語、第Ⅱ部では美化語を扱うことにする。

美化語を第Ⅱ部で別に取り上げている理由は、先行研究において美化語とは何か、必ずしも明確ではないため、具体的にこのことを記す必要があるからである。従来では、美化語を敬語に入れない論者もおり、その論破と明確な定義を行うため、美化語を敬語の範疇に入れつつも、敢えて他の敬語、つまり尊敬語・謙譲語・丁寧語と切り離して美化語を論じることにする。

注

（１）梅田博之（1990）や白同善（2003）を参照されたい。

（２）萩野貞樹（2005）がその代表的な見解を示す研究者である。

（３）従来の３分類とは、学校の国語教育においてのことである。

（４）国立国語研究所(2007)「巻末資料　敬語の方針（抄）平成19年2月2日文化審議会答申」『新「ことば」シリーズ21　私たちと敬語』では、尊敬語・謙譲語Ⅰ・謙譲語Ⅱ・丁寧語・美化語の５つに分けて解説を行っている。

この国立国語研究所の５の分類は、従来の「尊敬語」「謙譲語」「丁寧語」の３分類（学校の国語教育）とは、以下のように対応する。

5種類		3種類
尊敬語	「いらっしゃる・おっしゃる」形	尊敬語
謙譲語Ⅰ	「伺う・申し上げる」形	謙譲語
謙譲語Ⅱ（丁重語）	「参る・申す」形	
丁寧語	「です・ます」形	丁寧語
美化語	「お酒・お料理」形	

なお、益岡隆志（2007・2009）は、文法の観点からユニークな敬語の体系の分類を行っている。つまり、命題領域における敬語（Ⅰ類）とモダリティ領域における敬語（Ⅱ類）の分け方である。さらに、前者を出来事（広義）の主体に対する敬意を表すもの（ナル形）や動作の受け手に対する敬意を表すもの（スル形）に分けている。

第Ⅰ部　日本語と韓国語の助詞・用言・人称詞や呼称における敬語の意味機能

第２章　日本語と韓国語の敬語の概要及び先行研究

１．はじめに

日本語と韓国語は、文や語彙の構造、かつ文法に酷似性があると言われるが、敬語という文法体系が発達している点もそんな類似点の１つと言える。この章では、その敬語の分類と種類を取り上げて概要を示すことにする。すでに触れてきたように、本研究では尊敬語、謙譲語、丁寧語、美化語という４分類で区別する方法を用いるが、他の研究者による異なる分類も紹介をしていく。但し、美化語に関しては、第６章で取り上げる。日韓における敬語の具体的な例を提示しつつ、本研究の目的や関心に沿って日韓の敬語をめぐる先行研究を整理する。

２．日韓敬語の概要

２－１．日本語

日本語の敬語、中でも尊敬語と謙譲語に関して、菊地康人（1994）は次のように定義を行っている。尊敬語は、「話し手」が主語を高める表現で、謙譲語は補語を高め、主語を低める表現である。一方、丁寧語は「話し手」が同じ内容を「聞き手」に対して丁寧に述べる表現であるとする。

この観点に基づいて尊敬語・謙譲語・丁寧語について触れることにする。

日本語における尊敬語の形式は、名詞レベルでは接頭辞「お」・「ご」・「み」・「ぎょ」・「おん」を付けることで表現される。例えば「お元気」、「ご心配」、「み輿」、「ぎょ園」、「おん曹子」と言った語彙が取り上げられよう。もちろん、これらの語彙は用言と絡み合わさって現れることもある。「お名前」・「お仕事」・「ご氏名」・「ご住所」・「ご職業」のように、現代語では主に接頭辞「お/ご」を用いる[(1)]。尊敬表現における「お」は和語、「ご」は漢字語に付くのが原則であるが、漢字語の中にも「お散歩」・「お電話」・「お返事」のように「お」が付く語彙もある。

名詞と用言が絡み合う尊敬語を、文形式で表すと、以下の通りである。

（１）お父様はお元気でいらっしゃいますか。
（２）お母さんはご心配 されることでしょう。
（３）み輿はご覧になりましたか。
（４）天皇はぎょ園にお出でになりますか。

（1）～（4）は、日常生活の中でよく耳にすることのできる表現である。名詞の単独レベルでも使われるが、用言と付いてより尊敬の度合いが強くなる。

また用言レベルの尊敬語では、主に「－（ら）れる」、そして「お/ご－になる」・「－なさる」・「－される」といった形式が用いられる。そして、語そのものが尊敬語彙を別に持っている場合もある。例えば「いる」・「行く」・「くる」は「いらっしゃる」、「食べる」は「召し上がる」などである。

次に謙譲語も、名詞や用言レベルで使われるが、名詞レベルとしては「私」、用言レベルとしては「－致します」、そして「行く」は「参る」、「あげる」は「差し上げる」、「訪ねる」は「伺う」、「会う」は「お目にかかる」などがその代表的な表現として挙げられよう。益岡隆志/田窪行則（1992）によると、表現者自身が主体となる事態を表現する場合、へりくだった言い方である「謙遜表現」を用いることがある。ただし、謙遜表現を許す述語は一部の動詞に限られ、しかも、特殊な形式で表される。その主なものには、「する」に対する「いたす」、「いる」に対する「おる」、「行く」・「来る」に対する「まいる」、「言う」に対する「申す」、「思う」・「知る」に対する「存じる」などがある。謙遜表現は、表現者の身内に対しても用いられる場合がある、とする。

丁寧語(2)の叙述形式は、用言「－です/－ます」、「－であります」、「－でございます」で表す。益岡隆志/田窪行則（1992）は、以下のように説明をしている。動詞は連用形＋接尾辞「－ます」を用いる。この「－ます」の付いた形の活用は、意思形が「－ましょう」、タ系条件形が「－ましたら」、テ系が「－まして」となり、否定形の形式は連用形＋「－ません」で、否定のタ形は連用形＋「－ませんでした」で、それぞれ表される。そして、イ形容詞については、基本形＋助動詞「－です」（例えば「寒いです」）、タ形＋助動詞「－です」（例えば「寒かったです」）の形式が用いられる。否定の形式には「語幹＋「－くないです」「－くありません」（例えば、「寒くないです」・「寒くありません」）、否定のタ形は語幹＋「－くなかったです」・「－くありませんでした」（例えば「寒くなかったです」・「寒くありませんでした」）で、それぞれ表される。さらに、ナ形容詞と判定詞については、基本形が語幹＋「－です」、タ形が語幹＋「－でした」、タ形条件形が語幹＋「－でしたら」となる。判定詞には、「－です」よりも一層丁寧な表現である「－でございます」

という形式、例えば、「鈴木でございます」のタ形、タ形条件形、テ形、否定の形式は、それぞれ「－でございました」・「－でございましたら」・「－でございまして」・「－でございましたり」・「－でございません」で表される、とする。

２－２．韓国語

韓国語の敬語も日本語と同様、用言の語幹に一定の終結語尾を結合して、話題の人物、主体や聞き手を高めたり、話し手がへりくだったりする。韓国語の敬語は、待遇法によって分類する傾向が強いため、日本語における敬語の分類とは多少は異なる。しかし、日本語と同じく「尊敬語」・「謙譲語」・「丁寧語」の３つに分けられる。例えば、梅田博之(1977)は、韓国語には日本語と同じく敬語があり、尊敬語、謙譲語、丁寧語と呼ばれる、対者（聞き手)・素材（話題の人物）との三者関係によって決定される、敬意表現のための言語手段が存在するという。

韓国語の用言における尊敬語は、語幹に「－시－si/－으시－eusi」を付ける形が一般的である。つまり、用言が母音語幹の場合は「－십니다－sibnida」、子音語幹は「－으십니다-eusibnida」(格式体)、母音語幹は「－세요－seyo」、子音語幹は「－으세요－euseyo」（非格式体）を用い、「お・ご－になる」・「－（ら）れる」の日本語訳が当てはめられる。例えば、「읽다 ilgda」（読む）は「읽으십니다 ilgeusibnida」（お読みになります/読まれます）になるのである。そして、非格式体の場合は「읽다 ilgda」（読む）は「읽으세요 ilgeuseyo」（お読みになります/読まれます）となる。

韓国語の名詞レベルの尊敬語は、主に「お」・「ご」の接頭辞でもって作られる日本語とは違って、別の形で記されることが多い。以下の表は、別の形で表す韓国語の尊敬名詞、形容詞、動詞、助詞である。

＜尊敬名詞＞

一般名詞（日本語訳）	尊敬名詞（日本語訳）

이름 ileum（名前）	성함・존함 seongham/jonham（お名前）
밥 bab（飯）	진지 jinji（ご飯）
술 sul（酒）	약주 yagjju（お酒）（美化語の性質を持つ）
집 jib（家）	댁 daeg（お宅）
병 byeong（病気）	병환 byeonghwan（ご病気）
나이 nai（年）	연세 yeonse（お年）
생일 seagil（誕生日）	생신 saengsin（お誕生日）
말 mal（話）	말씀 malsseum（お話）（美化語の性質も持つ）
사람 salam（人）	분 bun（方）
아들 adeul（息子）	아드님 adeunim（ご子息）
딸 ttal（娘）	따님 ttanim（ご令嬢）
아버지 abeoji（お父さん）	아버님 abeonim（お父様）
어머니 eomoni（お母さん）	어머님 eomonim（お母様）
부모 bumo（両親）	부모님 bumonim（ご両親）
부인 buin（婦人）	사모님 samonim（ご婦人）

＜形容詞＞

아프다 apeuda　（体の具合が悪い）

→ 편찮으시다 pyeonchanheusida（体のお具合が悪い）

これ以外の形容詞は、他の用言の尊敬語のように、語幹に「－으시－(eu)si」を付けて作られる。例えば、「예쁘다 yeppeuda」(美しい)「예쁘시다 yeppeusida」（お美しい）のように用いる。

＜尊敬動詞＞

一般動詞（日本語訳）	尊敬動詞（日本語訳）
먹다 meogda　（食べる）	드시다 deusida/잡수시다 jabsusida　（召し上がる）
마시다 masida（飲む）	드시다 deusida/잡수시다 jabsusida　（召し上がる）
있다 issda　（いる）	계시다 gyesida（いらっしゃる）
없다 eobsda　（いない）	안 계시다 an gyesida（いらっしゃらない）
말하다 malhada（話す）	말씀하시다 malsseumsida（お話しなさる・おっしゃる）
자다 jada（寝る）	주무시다 jumusida（お休みになる）
죽다 jugda（死ぬ）	돌아 가시다 dol-agasida（お亡くなりになる）
	별세 하시다 byeolsehasida（世を去られる）
	서거 하시다 seogeohasida（逝去なさる）

＜尊敬助詞＞

一般助詞	尊敬助詞	日本語訳
－가－ga/이 i	－께서－kkeseo	－は/が
－는－neun/은 eun	－께서는－kkeseoneun	－は/が・－には
－만－man	－께서만－kkeseoman	－だけ
－만이 mani	－께서만이－kkeseomani	－だけが
－도－do	－께서도－kkeseodo	－も・－にも
－에게－ege/한테 hante	－께－kke	－に
－에게는－egeneun/한테는 hanteneun	－께는－kkeneun	－には
－에게만－egeman	－께만－kkeman	－にだけ
－에게도－egedo/한테도 hanntedo	－께도－kkedo	－にも
－의－ui	－께서의－kkeseoe	－の

韓国語には、上で提示したように助詞の尊敬語があり、主に主格助詞に現れる傾向が強い。この点については第３章で具体的に触れることにする。

韓国語の謙譲語は、日本語に比べて構造的にはシンプルであり、その数も少ない。名詞レベルの謙譲語は、以下の通りである。

저 jeo （私)、저희 jeohi （私たち） 韓国語の用言レベルの謙譲語は、用言に「－겠－gess」を付けて、その意味機能を表す。しかし、「－겠－gess」は「意志」・「推量」・「未確定」・「可能」・「予定」・「未来」の意味合いもある。この「－겠－gess」は、これらの様々な意味を複合的に示す場合が多い。謙譲の意味機能が含まれている場合は、日本語の「－致します」と訳す。他にも「－겠－gess」は尊敬や謙譲を強める機能も果たすが、詳しくは第４章で取り上げることにする。

そして、韓国語には一般動詞に「－겠－gess」を付ける形態とは異なる、以下の謙譲動詞が存在する。しかし、この謙譲動詞にさらに「－겠－gess」を付けて用いることがある。

＜謙譲動詞＞

一般動詞（日本語訳）	謙譲動詞（日本語訳）
묻다 mudda（尋ねる・聞く）	여쭈다 yeojjuda（お伺いする）
만나다 mannada・보다 boda（会う）	뵙다 boebda（お目にかかる）
말하다 malhada（話す）	말씀드리다malssumdurida（申し上げる）
주다 juda（あげる）	드리다 deurida（差しあげる）

例えば、「선생님께 제가 말씀드리겠습니다 seonsaengnim kke jegamalssum deulida」(先生には私が申し上げます)のように言う場合である。つまり、この文では謙譲に加えて、「話し手」の意志も含まれている。

続いて、韓国語の丁寧語は、用言が母音語幹の場合は「－ㅂ니다－bnida」、子音語幹の場合は「－습니다－seubnida」を後続させて「格式体」になる。さらに、陽母音語幹には「－아요－ayo」、陰母音語幹には「－어요－eoyo」を付けて「非格式体」となり、日本語の「－です/ます」の意味になる。金泰虎（2012）は、本来なら前者の「格式体」は「－でございます」、後者の「非格式体」は「－です/ます」と訳さなければならないが、両者には日本語の「－でございます」と「－です/ます」ほどの差がないため、両者とも「－です/ます」と訳すのが一般的であるとする。さらに、尊敬語・謙譲語・丁寧語のそれぞれを「上称形」・「下称形」、さらに、上称形は「最敬体」・「敬体」、そして下称形は「略待」・「ぞんざい体」の４つに分けている。この分け方は、韓国語を学ぶ日本人学習者には理解しやすい分類と言えよう。

ここで、韓国語の文体における終結語尾についてまとめると、以下の表のようになる(3)。

	格式体				非格式体	
	해라体 haera	하게体 hage	하오体 hao	합쇼体 habsyo	해体 hae	해요体 haeyo
平叙文	-다 da, -라 la	-네 nae	-오 o	-ㅂ니다 bnida	-아 a/ -어 eo	-지요 jiyo
感嘆文	-구나 guna	-구먼 gumeon	-구료 guryo	／	-군 gun/ -는군 neunguun	-군요 gunyo/ -는군요 neunyo
疑問文	-느냐 neunya	-는가 neunga	-오 o	-ㅂ니까 bnikka	-니 ni	-ㅂ니까 bnikka/ -습니까 seumnikka
命令文	-아라 ara, -어라 eora	-게 ge	-오 o	-ㅂ시오 bsio	-아 a/ -어 eo	-지요, jiyo, -아요 ayo, -어요 eoyo
請誘文	-자 ja	-세 se	-ㅂ시다 bsida	-십시다 sibsida/ -으십시다 eusibsida	-지 ji	-시지요 sijiyo

しかし、日本では研究者や韓国語教材によってそれぞれ異なる用語を用いており、多様性に充ちている。金泰虎（2006）はこの多様な用語の付け方について、次の表の通り紹介を行っている。

テキスト	갑니다 gamnida (行きます)	가요 gayo (行きます)	가 ga (行く)	간다 ganda (行く)
①	あらまった表現	うちとけた 表現	うちとけた表現の普通形	現在形の普通形の語尾
②	かしこまった丁寧形	うちとけた丁寧形	／	／
③	합니다 habnida	해요 haeyo 体	／	／
④	上称形	略体上称形	略体下称形	下称形
⑤	最敬体の平常文	敬体の平常形	○	○

＜参考＞テキスト①『これならわかる！朝鮮語』(白水社)、②『コミュニケーション韓国語会話編Ⅰ』(白帝社)、③『ことばの架け橋』(白帝社)、④『書いて覚える朝鮮語（改訂版)』（白水社)、⑤『総合韓国語１』(白帝社）である。

これらの終結語尾については、さらに様々な用語や分類が存在している。つまり、韓国では「話階」という用語を用いて、研究者によっては２・３・４・５・10 個の分類をしている。例えば、成耆徹(1970, 1985)は、「아주높임 ajunopim（하십시오 hassibsio)」・「예사높임 yesanopim（하오 hao)」・「두루높임 dulunopim（해요 haeyo)」・「예사낮춤 yesanachum（하게 hage)」・「아주낮춤 ajunachum（해라 haera)」・「두루낮춤 dulunajchum（해 hae)」の６つの分類を行っている。一方、イム・ホンビン/ジャン・ソウォン（임홍빈/장소원）(1995)は、「높은대우 nopeundaeu : 합니다 habnida (格式体)、해요 haeyo (非格式体)」・「같은대우 gateundaeu : 하오 hao(格式体)、하게 hage（非格式体)」・「낮은대우 najeundaeu : 한다 handa(格式体)、해 hae(非格式体)」の３つに分類をしている。

３．日韓敬語の先行研究

３－１．日本語

日本語の敬語については、様々な先行研究があるが、本研究の目的や関心に沿って時系列に、その成果の整理を行う。つまり「敬語助詞」[4]、そして人称詞・呼称、とりわけ「あなた」を中心に述べることにする。

一般的に日本語と韓国語はともに敬語が発達していると言われるが、韓国語には「敬語助詞」が発達している反面、日本語ではそれほどではない。したがって、日本語の尊敬助詞は研究というより、概論的説明に終わっている。

日本語の「尊敬助詞」に関する先行研究はなく、辻村敏樹（1991）の分析も辞書レベルの説明に過ぎない。一般的には「－は」/「－も」と述べるはずのところを、その尊ぶべき人物である場合は、「－には」/「－にも」と述べて敬意を表す場合があるとする程度に留まっているのである。

鈴木孝夫（1973）は、「あなた」・「おまえ」・「こちら」・「どなた」といった人を指す言葉は、元来、場所や方向を表わす指示代名詞であったものを転用した、間接的に、その場にいる人を表現する、一種の暗示的で迂言的な用法に由来しているとする。さらに、鈴木孝夫（1985）は(5)、「あなた」を対称詞としており、元来、日本語の「あなた」は「あちら」にあるものを指すことから由来し、３人称として使われ、現代では２人称でも使われるようになった。「あなた」は、古代語の「かなた」からきており、元々は２人称ではなく、遠いものを言うときに使うものであった。つまり、遠くにいるものを指すことばを使うことで、間接的に言うことになり、相手を高めることになった。しかし、それが現代語においては、目の前にいる人に対して、「あなた」と直接は言わない。

また、この他にも対称詞としては「君」、「お宅」なども考えられるが、実際の会話において、これらの人称詞の選択には、人間関係が強く働いていると言える。

辻村敏樹（1991）は、「あなた」の「貴方・貴女」は対称の人称代名詞であるが、遠称の方向代名詞である「彼方」が話題の人物を指すための婉曲表現として他称でも用いられ、江戸時代中期から目の前に居る人を指す対称に変わってきた。当初は他称の用法に使われ、敬意度が高かったが、明治時代以降、もっぱら対称として使われるようになってから、敬意度が段々低くなった。現代では対等及び目下の人に使われ、今日では妻が夫を呼ぶときなど、一般的な代名詞になったとする。

これらの鈴木（1973）（1985）や辻村（1991）の言う「あなた」について、池上秋彦（1972）は中世では「カシコ・カナタ」に比べて「アシコ・アナタ」のほうが多く用いられており、ア系が圧倒的に優勢であったことを指摘している。さらに李長波（2002）は、中世前期から後期にかけて指示詞体系における「カ系」指示詞と「ア系」指示詞の交代が行われていたことを示している。つまり、カ系列の「カノ、カレ、カシコ、カナタ」がア系列の「アノ、アレ、アソコ、アチ、アナタ」に変わったとのことである。

以上のように、「あなた」は指示詞と深く関わっているが、現代的指示詞に関しては佐久間鼎（1959）の研究がある。コ・ソ・ア系の指示領域におけるコ系は「話し手」から近い近称、ソ系は「話し手」からやや離れた、または聞き手から近いところにある「中称」、ア系は「話し手」から遠いところの遠称であるが、現代的指示詞における２人称はコ系であり、ソ・ア系は３人称になる傾向が強い。また『広辞苑（第六版）』（2008）では、近世以前には第３者を敬って指す語、近世以降は目上や同輩である相手を敬って指していたが、現今に至っては相手に対する敬意の度合いが減じていると記している。この「あなた」と類似する「あんた」に関して『日本国語大辞典（第二版）』（2003）では、現代は多くの目上が目下の人に用いており、東京では卑俗なニュアンスを伴うが、関西ではそうではなく、親愛の気持ちを伴う言い方であると記している。

つまり簡単にまとめると、近世以前の「あなた」は３人称であり、現代語では主に２人称として用いられているということである。

菊地康人（1994）は、「あなた」に対する待遇表現の選択の要因として大きく社会的ファクターと心理的諸ファクターに分け、さらに前者の中で人間関係における上下・立場・親疎という要素が待遇表現の選択に大きな影響を与えているのは間違いないと指摘している。この菊地（1994）の観点を継承する形で、三輪正（2001）は、日本語の２人称詞の選択における意味作用は親愛・軽侮・卑罵・尊敬・恭慎・敬遠・疎外などの言外の意味が微妙な段差をつけて盛り込まれているため、「あなた」という２人称は「聞き手」と「話し手」の人間関係によって「高い敬意度」・「低い敬意度」・「敬意度ゼロの親愛」に分類できるとしている。

３－２．韓国語

韓国語の敬語に関しても、日本語の敬語と同様、従来から様々な角度から研究が行われてきている。ここでは本研究の目的や関心、つまり「尊敬助詞」、人称詞・呼称（当身）、そして「－겠－gess」に関わる研究を中心に整理を行う。

韓国語には「敬語助詞」が発達している反面、日本語ではそれほどではない。したがって、韓国では韓国語の「敬語助詞」、「－께－kke」に関する先行研究が多いと言える。その中でも、南基心/高永根（1985）、柳亀相（1986）、李翊燮/蔡琬（1999）は、主に主体（主語）に付く助詞であることに焦点を当てている。一方、コ・チャンス（고창수）（1992）、キム・ヤンジン（김양진）（1999）、コ・ソクジュ（고석주）（2001）は、「－께－kke」は主格助詞ではないとする。また、ファン・ファサン（황화상）（2005）は形態素の結合分析に基づいて「－께서－kkeseo」は主体（主語）に関わっているが、それよりは「主体」に深く関わる「主体尊待補助詞」と位置付けている。

韓国語の用言に使われる「－겠－gess」についても数多くの先行研究を有しており、様々な意味機能があることは明らかになってきている。つまり、「－겠－gess」は「意志」・「推量」・「未確定」・「可能」・「予定」・「婉曲」・「未来」・「謙譲」の意味合いがあると言われている。

全恵英（1995）は、談話において「未確定」の「－겠－gess」の場合は、「恭遜」・「謙遜」の意味を持つとしている。張京姫（1985）は、２人称主語（聞き手）の疑問文に「－겠－gess」が「恭遜」の意味合いとして使われることについて、「聞き手」が尊敬の対象である場合に「話し手」が使う「特殊な用法」であると指摘をしている。

次に、韓国語の「当身」は、人称詞・呼称であるが、『東亜チャム（참）国語事典（第２版）』（2011、韓国）では、①相手を称する２人称詞、②同席していない目上の人を称する３人称詞、③夫婦の間で相互を指す語としている。人称詞とは、一般的に談話の中で指定された人や物をその名前でもって指すのではなく、その代わりになる名詞、つまり代名詞で表すもののことである。さらに、この人称詞の中でも、特定人物や物に対する固有の名前ではないものの、呼ぶ時にその名前のような役割を果たすものが呼称と言えよう。

現代語における「当身」は２人称であるが、希に３人称として使われる場合もある。２人称の人称詞としては、「当身」以外にも「자네 janae」（君）、「자기 jagi」（自己）、そして指示詞の「이 i」（この）を付けて、「이 사람 isalam」（この人）、「이 분 ibun」（この方）がある。また、ぞんざいな言い方としては「너 neo」（お前）もある。もちろん、「当身」も会話の場面においてはぞんざいな言い方で使われるケースもあり、文脈によって意味合いは多様である。

さらに「자기 jagi」（自己）について考えてみよう。この「자기 jagi」（自己）は「自己紹介」という語彙でみるように、自分、つまり１人称を意味する。しかし、韓国語では「자기 jagi」（自己）が２人称としても使われているのである。

人称詞は、指示詞の「この（이 i)」、「その（그 gue)」、「あの（저 jeo)」、「どの（어느 eonue)」と密接な関係にあり、目の前にいる２人称には「この（이 i)」を付ける。他の指示詞である「その（그 gue)」、「あの（저 jeo)」、「どの（어느 eonue)」を付けると、臨場していない３人称を意味することになる。つまり、指示詞は人称を区別する１つの補助手段となっている。

現代語における「当身」は、尊敬の意味合いをもつ、つまり敬意度の高い敬称の３人称詞にもなる。ヤン・ヨンヒ（양영희）(2006) によると、この「当身」は中世では３人称だったが、現代語では２人称となったという。しかし、中世から敬意度の高い敬称であったのかや、その語源については定かではない。恐らく漢字を借りて作られた当て字で、当事者を意味する「当」に「身」を付けた造語と考えられる。一方、李基文(1979/1991）、高永根(1988）、アン・ビョンヒ/イ・ガンホ（안병희/이광호）(1992)、キム・ジョンア（김정아）(1984 ）は、中世に３人称は存在していないという主張をしている。

この「当身」について、崔鉉培（1971)、許雄（1995）は「普通敬語（예사높임 yesanopim)」とし、敬語として位置付けた上で、その敬う程度の段階を設けている。李翊燮/蔡琬（1999）は、「当身」は相手を「너 neo」（お前）より敬って呼ぶ代名詞であるが、同じレベルや目下に対しても多少の敬いを現すときや、夫婦間において使われるとしており、敬語という観点を受け継ぎながら、具体的な用法を明確にしている。さらに梅田博之（1991）は、「当身」は下称・等称を除くスタイルで用いるが、その使い方に制限があるとして、３つに分類している。つまり、①中年以上の男性同士で比較的親しいが、等称を使うほどではない間柄・中年以上の比較的親しい女性同士の間柄、②夫婦の間、③喧嘩などで相手を直接名指しする場合の３つであり、その使い方を綿密に区別している。

４．おわりに

本章では、日本語と韓国語の敬語に関して、とりわけ用言・助詞・人称詞や呼称レベルにおける概要を示し、その先行研究を整理した。

日本語と韓国語には類似点があり、敬語の分類に関しても多少の相違はあるが、敬語の枠組みはほぼ同じである。しかし、相違点のある領域、つまり両方の言語で同じようには発達していない分野の研究は少ない。例えば、日本語と韓国語は膠着語として、共に助詞が発達しているが、日本語では韓国語ほど「尊敬助詞」が発達していない。そのため、この分野に限っては日本語には研究が少なく、逆に韓国語には研究が多い。当たり前のことであるが、自国の文法で発達している領域に多くの研究が行われているわけである。

しかし、日韓の人称詞や呼称に関しては、両国で発達していることもあり、ほぼ同等の研究が行われている。以上の先行研究の動向からわかるように、敬語の領域における研究のばらつきはあるが、日韓両言語の類似点を活かして、対照研究を行うことは日韓の言語学研究におけるさらなる発展に繋がると考えられる。

注

（1）本研究では、「令嬢」、「芳名」、「貴社」、「玉稿」のような特殊な語彙は、考察の対象外にする。

（2）益岡隆志/田窪行則（1992）は、尊敬語を大きく「主体尊敬表現」・「受け手尊敬表現」の２つに分けている。まず、主体尊敬表現の動詞は、「お」＋連用形＋「－になる」形式、「ご－になる」の形式、「お」＋連用形＋「だ」/「－です」の形式、漢語動詞は「ご－だ（です）」の形式、語幹＋「－(ら)れる」の形式、そして「する」・「来る」は、「される」・「こられる」という不規則な形式である。そして、形容詞はテ形＋「いらっしゃる」の形式、接頭辞「お」を用いる形式である。次に、受け手尊敬表現における述語の形式は、お/ご＋連用形＋「する」、そして「伺う」・「申し上げる」などの不規則の形式である、としている。しかし本研究では、受け手尊敬表現は謙譲語と見なし、その範疇に入れて論を進める。

（3）韓国語の文体における終結語尾は、韓国の「学校文法」で示している内容である。

（4）韓国語には「－께 kke」や「－께서 kkeseo」という「敬語助詞」が存在する。日本語においても韓国語のような「敬語助詞」に当たる「ニ」が存在はしており、元々は場所を表す助詞であるが、「敬語助詞」にもなる。一方、「ニオカレマシテハ」のように、「敬語助詞」と言いづらい助詞もある。これは助詞「に」に「おく」という動詞、尊敬の助動詞「られる」、丁寧語の「ます」、さらに助詞の「は」が複合的に集まっているものであり、「敬語助詞」と呼びにくい。しかし本稿では、韓国語の「敬語助詞」に照らし合わせる形で、日本語の「ニ」・「ニハ」・「ニオカレル」・「ニオカレマシテハ」などを「敬語助詞」と呼ぶことにする。

（5）鈴木孝夫（1985）は、一方「話し手」が話し手自身を直接指すときに使うことばを自称詞、そして「話し手」や「聞き手」以外の第３者を表す表現は他称詞としている。

（6）以下の（表１）は、日本語の文体を叙法・時制・品詞に基づいて整理したものである。なお（表２）は、（表１）の日本語の用言に合わせて、韓国語の用言の整理を行った。

（表１）日本語の用言

文体 叙法／時制／品詞			非丁寧	丁寧
確言	非過去	動詞	－u～－ル	－i マス～－マス
		形容詞	－イ	――――
		名詞・名詞的形容詞	－ダ	－デス
	過去	動詞	－タ	－i マシタ～－マシタ
		形容詞	－カッタ	――――
		名詞・名詞的形容詞	－ダッタ	－デシタ
概言・	非過	動詞	－o ウ～－ヨウ	－i マショウ～ －マショウ

意向表明	去	形容詞	－カロウ	――――
		名詞・名詞的形容詞	－ダロウ	－デショウ
	過去	動詞	－タロウ	－iマシタロウ～ －マシタロウ
		形容詞	－カッタロウ	――――
		名詞・名詞的形容詞	－ダッタロウ	－デシタロウ
希求	―	動詞	－e～－ロ～ －ヨ～－イ～ －φ	－iナサイ～ －ナサイ

（表2）韓国語の用言

叙法／時制／品詞 ＼ 文体			非丁寧	丁寧
確言	非過去	動詞	－ㄴ/는 다－n/neun da	－ㅂ/습니다 －b/seummnida, －아/어요－a/eoyo
		形容詞	－다－da	－ㅂ/습니다 －b/seummnida, －아/어요－a/eoyo
		名詞・名詞的形容詞	－이다/다－ida/da	－ㅂ/입니다 －b/mnida
	過去	動詞	－았/었다－ass/eotta	－았/었습니다 －ass/eusseumnida －았/었어요 －ass/eosseoyo
		形容詞	－았/었다－ass/eotta	－았/었습니다 －ass/eusseumnida －았/었어요 －ass/eosseoyo
		名詞・名詞的形容詞	－았/었다－ass/eotta	－았/었습니다 －ass/eusseumnida －았/었어요 －ass/eosseoyo
	非過去	動詞	－자－ja	－ㅂ/읍시다 －b/eubsida －아/어요－a/eoyo
		形容詞	－ㄹ/을 것이다 －r/l geosida	－ㄹ/을 것입니다 －r/l gesimnida

概言 ・ 意向 表明			−ㄹ/을 것이야 −r/ㅣ geosiya	−ㄹ/을 것이에요 −r/l geosieyo
		名詞・名詞的形容詞	−일 것이다 −il geosida −일 것이다 −il geosida	−일 것입니다 −il geosimnida −일 것이에요 −il geosieyo
	過去	動詞	−았/었 을 것이다 −ass/eoss eosslgeosida −았/었 을 것이야 −ass/eoss geosiya	−았/었 을 것입니다 −ass/eusseul geosimnida −았/었 을 것이에요 −ass/eoss eul geosieyo
		形容詞	−았/었 을 것이다 −ass/eoss gesida −았/었 을 것이야 −ass/eoss geosiya	−았/었 을 것입니다 −ass/eusseul geosimnida −았/었 을 것이에요 −ass/eoss geosieyo
		名詞・名詞的形容詞	−일 것이다 −il geosida	−일 것입니다 −il geosimnida −일 것이에요 −il geosieyo
希求	—	動詞	−아/어 −a/eo	−으/십시오 −eu/eusibsio −으/세요 −eu/euseyo

第３章　韓国語と日本語の敬語助詞
－主体（主語）助詞を中心に－

キーワード：「－께서－kkeseo」、「－には」、主体、主語、与格、敬語助詞、補助詞、絶対敬語、相対敬語

１．はじめに

韓国語と日本語にはともに類似した敬語が発達しているが、ことに助詞に関しては多少の相違が見られる。つまり、韓国語には「敬語助詞」が発達している反面、日本語ではそれほどではないという違いがある。ここで言う「敬語助詞」とは、主体（主語）・与格・所有格に付けて敬う効果を表す助詞であると定義しておきたい[(1)]。

韓国語と日本語の助詞を対照する観点に立って考える場合、なぜ日本語には敬語助詞が発達していないのかという疑問も浮かぶが、その未発達の根本的な理由の解明よりも、ここでは韓国語と日本語における敬語助詞を比較し、主体（主語）を中心にどのような状況や談話の中で敬語助詞を用いるのか、両言語における類似点や相違点を追究する。

韓国語における敬語助詞の基本とも言える「－께－kke」を中心にして他の助詞を加えて表す敬語助詞や、それらに対応する日本語の敬語助詞を比較検討する。この際、日本語の相対敬語や韓国語の絶対敬語の違いを理解することは大前提である[(2)]。つまり、前者における敬語の使い方は、話者と「聞き手」、またそこで話題となる人物との関係が第１基準である。話者にとって話題の人物が身内であれば、たとえ目上の人であっても、その話題の人物の行いについて敬語は使わずに「聞き手」に話す。一方、後者における話者にとって話題の人が自分より目上かどうかが基準である。

韓国語の敬語助詞に関する先行研究の中で南基心/高永根(1985)、柳亀相(1970)、李翊燮/蔡琬(1999)は、「－께－kke」が主に主格を表す助詞であることに焦点を当てている。それに対してコ・チャンス（고창수）(1992)、キム・ヤンジン（김양진）(1999)、コ・ソクジュ（고석주）(2001)は、「－께－kke」は主格助詞ではないとする。ことに、ファン・ファサン（황화상）(2005)は形態素の結合分析に基づいて「－께서－kkeseo」は主格（主語）に関わってはいるが、それよりは「主体」に深く関わる「主体尊待補助詞」と位置付け

ている。さらに、その主体が尊敬の対象であっても発話の状況から助詞を考える必要があり、尊敬の属性を持つ語彙に結合することも指摘している。

これらの先行研究の中で、ファン・ファサン（황화상）（2005）は「－께서－kkeseo」が主格を表すとしながらも主体、つまり発話状況において尊敬の属性を持つ主体の語彙に結合するとしており、これは一定の評価ができる。しかし、主体（主語）の「－께서－kkeseo」だけではなく、諸々の敬語助詞まで視野を広げつつ、その対話場面における「話し手」、「聞き手」、話題上での目上、目下の関係も含めて敬語助詞をより厳密に追究する必要があろう。

一方、辻村敏樹（1991：348-349）は、日本語における韓国語の「－께－kke」に当たる「－に」という助詞に関して辞書レベルの説明を行っている。つまり、一般的には「－は」/「－も」と述べるはずのところを、その尊ぶべき人物である場合は、「－には」/「－にも」と述べて敬意を表す場合があるとしている。要するに、日本語の敬語助詞はいずれも主体（主語）に限って付けられると言える。

本稿では、韓国語の絶対敬語や日本語の相対敬語の中でも同じ状況のもとで、文法的、語用論的観点に基づいて「－께－kke」や「－に」の付く敬語助詞の全般を提示しつつ、韓日の主体（主語）の敬語助詞はどのような語と結合するのか、また対話の中でどのように用いられるのか、与格や所有格も含めて対照分析を行う。

2．日韓の敬語助詞とその付け方

2－1．日韓の敬語助詞

韓国語と日本語における敬語助詞、つまり「－께－kke」や「－に」を中心にして派生する様々な敬語助詞を取りあげると、以下の通りである。

（表1）韓国語と日本語における敬語助詞の比較

番号	韓国語（普通・敬語）	日本語（普通・敬語）	備考
（i）	－가－ga/이 i・－께서－kkeseo	－は/が	主体（主語）
（ii）	－는－neun/은 eun・－께서는－kkeseoneun	－は/が・－には#	
（iii）	－만－man・－께서만－kkeseoman	－だけ	

(iv)	－만이 mani・－께서만이－kkeseomani	－だけが	
(v)	－도－do・－께서도－kkeseodo	－も・－にも@	
(vi)	－에게－ege/한테 hante・－께－kke	－に	与格
(vii)	－에게는－egeneun/한테는 hanteneun・ －께는－kkeneun	－には	
(viii)	－에게만－egeman・－께만－kkeman	－にだけ	
(ix)	－에게도－egedo/한테도 hanntedo・－께도－kkedo	－にも	
(x)	－의－ui・－께서의－kkeseoe	－の	所有格

（参考）#や@は日本語の敬語助詞である。

この（表１）で見るように、韓国語の敬語助詞は基本となる与格の「－께－kke」に「－서－seo」/「－서는－seoneun」/「－서만－seoman」/「－서만이－seomani」/「－서도－seodo」を加えると、主体（主語）の尊敬助詞になる。そして、「－는－neun」/「－만－man」/「－도－do」を加えると与格、さらに「－서의－seoe」を加えると所有格になる(3)。つまり、その基本軸となる与格の「－께－kke」に様々な助詞が加わって、主体（主語）の敬語助詞である(ｉ)～(ｖ)、与格の敬語助詞（vii）～（ix）、そして所有格の敬語助詞（ｘ）を派生させているのである。

韓国語の与格を代表する「－께서 kkeseo」に対応する日本語の与格の助詞は「－に」である(4)。この「－に」をもとに（ii）の「－には」や（ｖ）の「－にも」という敬語助詞を作り出しているが、（表１）でみるように、文中での役割はいずれも主体（主語）の尊敬助詞となる。つまり、韓国語は与格の基本に加えて主格・他の与格・所有格を作っているが、日本語においては基本の与格に他の助詞を加えても、その表すところは主格、ごく一部の与格だけである。

なぜ、韓国語と違って日本語は敬語助詞が主格助詞に留まり、また敬語助詞が日韓ともに目的格までは広がっていないのかの疑問はあるが、現状では分析の糸口が見えないので、本稿では扱わないことにする。しかし、前提として留意しておくべき点は、日韓の敬語助詞を作り出す基本助詞の与格である「－께－kke」や「－に」には根本的な相違があるということである。すなわち、前者はすでに敬語助詞として確立された語であるが、後者は一般助詞なのである。この「－께－kke」に「－서－seo」を加えた「－께서－kkeseo」について、ファン・ファサン（황화상）（2005：373）は主格より主体につく補助詞と位置づけて、「主体尊待補助詞」と名付けている。なお、コ・ソクジ

ュ（고석주）（2001：167）もほぼ同じ見解である。いわば、これらの見解における用語に少し相違はあるものの、結局は尊敬助詞という観点であると言えよう。

（表１）における日本語の敬語助詞の（ⅱ）「－には」・（ⅴ）「－にも」は、一般助詞に見える。しかし、これらは文脈の中で主体（主語）に付いて敬語助詞として役割を果たしている。例えば、「－は」の敬語助詞として「－には」、「－におかれましては」を用いることもある。なお、「－におかせられましては」は、現代日本語ではまず使わない敬語助詞である。また、「－も」の敬語助詞として「－にも」、「－におかれましても」を用いることもある。ちなみに、この日本語の「－におかれましては」や「－におかせられましては」を詳しく見ると、前者は与格の助詞「－に」に、「おく」という動詞、そして「－られる」という助動詞、最後に主体助詞「－は」が結合している。一方、後者は与格の「－に」に、「おく」という動詞、そして「－せる」という助動詞の未然形に「－られる」、最後に主体助詞「－は」が結合している。

日本語の助詞「－に」は与格以外に場所格（位置格）の意味合いもある。この場所格（位置格）とは、動作が起こる場所や位置を表すものである、この場所格（位置格）を表す助詞は「－に」で、これに該当する韓国語の助詞は「－에－e」である。敬語助詞が発達している韓国語においても場所格（位置格）に関する敬語助詞は存在しない。

以上のことを踏まえて詳細な考察は、談話における韓日の主体（主語）に限定し、また「話し手」・「聞き手」・主体（主語）との関わりや状況を考慮しつつ行うことにする。韓国語と日本語の対話においては、頻繁に主語が省かれることによって助詞も省略される傾向にあるが、本稿では助詞を考察の範囲に入れて考えていく。

２－２．敬語助詞の付け方

ファン・ファサン（황화상）（2005：375-376）によると、敬語助詞の「－께서－kkeseo」は尊敬の属性を持つ語彙に結合するが、その属性を持つ語彙を調べて取り上げると次の通りであろう。

まず、「－님－nim：－ニム」（様）／「－さん」付けの単語が上げられる(5)。例えば「할아버님 halabeonim」（お祖父様）、「할머님 halmeonim」（お祖母様）、「아버님 abeonim」（お父様）、「어머님 eomeonim」（お母様）、「선생님 seon saengnim」(先生様)、「사장님 sajangnim」(社長様)、「부장님 bujangnim」(部長様)、「사모님 samonim」(ご夫人様)、「따님 ttanim」(お嬢様)、「손님 sonnim」(お客様)などである。さらに、「－さん」付けは、「할아버지 halabeoji」(お祖父さん)、「할머니 halmeoni」(お祖母さん)、「아버지 abeoji」(お父さん)、「어머니 eomeoni」(お母さん)が代表的な語彙である。

この「－様」/「－さん」付け以外に尊敬の属性を持つ語彙としては、「大統領」、「叔母」、「叔父」、「先輩」、「恩師」、「村長」などが考えられるが、絶対的ではなく、一般的にこれらは「話し手」より目上のような印象が強い語彙である。そして、「－분－bun」(方)/「－宅」付けの語彙も尊敬の属性を持っていると言える。例えば、「그 분 geubun」(その方)、「일본 분 ilbonbun」(日本の方)/「새댁 saedaeg」(新妻)が考えられる。

ファン・ファサン(황화상)(2005)の、尊敬の属性を持つ語彙に「－께서－kkeseo」という敬語助詞が付くことに対する見解には一理ある。しかし、尊敬の属性を持つ語彙であっても尊敬助詞を使わない時もある。それは、尊敬の属性を持つ語彙であっても文章や談話の中でののしったり、けなしたりする場合には敬語助詞を使わないということである。逆に、「患者」のように、一般的な名詞であっても敬語助詞を用いる場合もあるのである。

＜大統領の失政を批判する時＞

A(平社員):저는 대통령이 펴온 경제정책은 실정에 가깝다고 생각합니다.
jeoneun daetonglyeong-i pyeo-on gyeongjejeongchaeg-eun
siljeong-e gakkabdago saenggaghabnida
(私は大統領が行ってきた経済政策は失政に近いと考えます)

B(部長)　:나도 그렇게 생각해.
nado geuleohge saenggaghae(僕もそう思う)

主体(主語):大統領、話し手:平社員、聞き手:部長

Aの尊敬の属性を持つ語彙の「大統領」に付けているアンダーラインの助詞「－이－i」は敬語助詞の「－께서－kkeseo」のほうが、また共起関係として「펴온 pyeon」(行ってきた)は「펴오신 pyeo-osin」(行っていらっしゃった)のほうがより相応しいが、経済政策に関する批判が大統領の面前ではないため非文ではない。しかし、「話し手」が「聞き手」/「主体」の大統領の面前で批判する場合は、「－께서－kkseo」の敬語助詞を付け、尊敬共起である「펴오신 pyeosin」というのが一般的であると考えられる。つまり、対面か

非対面かといった状況によって、敬語助詞だけではなく共起する用言も多少異なってくる。

＜入院患者を話題にしてほめる時＞

A（看護士）：오늘 퇴원하신 환자께서는 아주 조용하고 매너가 있는 분이셨어.
oneul toe-wonhasin hwanjakkeseoneun aju jo-yonghago maeneoga issneun bun-isyeoss-eo
（今日、退院された患者はとても静かでマナーのある方でいらっしゃった）

B（同僚）　：그런 환자는 흔하지 않아.
geuleon hwanjaneun heunhaji anh-a（そんな患者は稀だわ）

主体（主語）：退院患者、話し手：看護士、聞き手：看護士の同僚

Aの「患者」は尊敬の属性を持たない語彙であるが、対話の中で尊敬の念を抱いている対象のため、「－께서는－kkeseoneun」という敬語助詞、そして尊敬用言の「－이셨어－isyeoss-eo」（でいらっしゃった）を用いている。

また他にも、日本語の「あなた」に当たる「当身」は尊敬の属性を持っている反面、けなす意味合いも含まれている。鄭貞美（2012）c では、「当身」が敬う気持ちの「敬称」の場合は、敬語助詞を結合させるとしている。

このように、尊敬の属性をもつ語彙に敬語助詞を付ける傾向にはあるが、必ずしも尊敬の属性を持つ語彙だけが敬語助詞を伴うわけではないのである。なお、敬語助詞を付ける場合はこれだけではない。対話の中で「話し手」、「聞き手」との関係、取り上げる内容が目上、目下なのかによって敬語助詞の付け方は異なってくる。そして、敬語助詞の付け方は、必ず発話の中で規則的に守られているというわけではない。

３．韓国語の主体と敬語助詞

韓国語の主体（主語）に付ける敬語助詞が用いられる様々な状況を想定して（表１）に照らし合わせて考察する。まず、「話し手」と「聞き手」の話題なのか、主体の「聞き手」が「話し手」より目上なのか、それとも目下なのか、そして主体の話題上の人物が「聞き手」や「話し手」より目上なのか、目下なのかの状況も考慮して分析を行う。

＜場面１＞「話し手」の弟子は、「聞き手」の先生に会って昔、言われたことについて述べている場面である。

①선생님께서 저에게 열심히 노력하라고 말씀하셨습니다.

seonsaengnimkkeseo jeo-ege yeolsimhi nolyeoghalago malsseumhasyeoss
-seubnida
(先生は私にがんばりなさいと、おっしゃいました)

#② 선생님이 저에게 열심히 노력하라고 말씀하셨습니다.
seonsaengnimi jeo-ege yeolsimhi nolyeoghalago malsseumhasyeoss-seubnida
(先生は私にがんばりなさいと、おっしゃいました)

*③ 선생께서 저에게 열심히 노력하라고 말씀하셨습니다.
seonsaengkkeseo jeo-ege yeolsimhi nolyeoghalago malsseumhasyeoss-seubnida
(先生は私にがんばりなさいと、おっしゃいました)

*④ 선생이 저에게 열심히 노력하라고 말씀하셨습니다.
seonsaengi jeo-ege yeolsimhi nolyeoghalago malsseumhasyeoss-seubnida
(先生は私にがんばりなさいと、おっしゃいました)

主体（主語）・聞き手：先生、話し手：弟子（저）

※以下、*印は非文（不成立・不具合）、#印は不適格文（不適切）を意味する。

「話し手」と「聞き手」の対面対話において、主体（主語）・「聞き手」の「선생님 seonsaegnim」（先生様）は、「話し手」の弟子より目上である。そこで、①は主語に敬語助詞の「－께서－kkeseo」を付けて、「말씀하셨습니다 malsseumhasyeoss-seubnida」（おっしゃいました）という尊敬用言も用いており、もっとも相応しい対話文と言える。③では主体に対して「－께서－kkeseo」を使っていても、韓国語では目上の先生の主体には「－님－nim」（様）付けをする敬語を用いるため自然ではない。②では主体に「－님－nim」（様）を付けても「－께서－kkeseo」を付けておらず、④では主体に「－님－nim」（様）を付けず、さらに敬語助詞も用いていないため、②～④のいずれも非文と言えよう。

＜場面２＞病気で入院していた高齢の患者が若い医者に病気を治してくれたことに対する感謝の言葉を発する場面である。

① 선생님께서는 제 생명의 은인 이십니다.
seonsaengnimkkeseoneun je saengmyeong-ui eun-in isibnida
(先生様は私の命の恩人でいらっしゃいます)

#② 선생님은 제 생명의 은인이십니다.
seonsaengnimeun je saengmyeong-ui eun-in isibnida
(先生様は私の命の恩人でいらっしゃいます)

#③ 선생께서는 제 생명의 은인입니다.
seonsagkkeseoneun je saengmyeong-ui eun-ibnida (先生は私の命の恩人です)

#④ 선생은 제 생명의 은인입니다.
seonsaengeun je saengmyeong-ui eun-ibnida　　(先生は私の命の恩人です)
主体（主語）・聞き手：若い医者、話し手：高齢の患者

ここでは、「話し手」が高齢の患者で、主体（主語）・「聞き手」は病気を治した若い医者である。力関係から医者が年下であっても①のように敬語助詞や尊敬の用言「－이십니다－isibnida」を使うのが一般的である。②は敬語助詞は使っていないが、「－님－nim」(様)付けの尊敬主語、そして「－이십니다－isibnida」や「－입니다－ibnida」の尊敬用言が共起しており、若い医者に対してかなり年上の患者であるという状況から鑑みて通用しうる対話文であろう。しかし、「話し手」と「聞き手」の力関係ではなく、年齢差を勘案しても③④は不自然である。

＜場面３＞「話し手」の先生は「聞き手」の学生に会って自分が呼んだことについて述べている場面である。

① 선생님께서 철수를 불렀지.
seonsaengnimkkeseo cheolsuleul bulleossji (先生がチョルスを呼んでいた)
② 선생님이 철수를 불렀지.
seonsaengnimi cheolsuleul bulleossji　　(先生がチョルスを呼んでいた)
#③ 선생께서 철수를 불렀지.
seonsaengkkeseo cheolsuleul bulleossji　　(先生がチョルスを呼んでいた)
#④ 선생이 철수를 불렀지.
seonsaengi cheolsuleul bulleossji　　(先生がチョルスを呼んでいた)
主体（主語）・話し手：先生、聞き手：学生（철수：チョルス）

この場面の対話は、韓国語の絶対敬語と相対敬語の中間形態であると言える。つまり、主体（主語）かつ「話し手」の先生が「聞き手」の学生より目上であるため、①のように、自分（主語）に対して「－님－nim」（様）付けの敬語や敬語助詞を使うのは絶対敬語と言える。しかし、用言は敬語を用いないのは相対敬語である。この場合、尊敬用言を用いるとむしろ不自然な文になる。②では主語が「－님－nim」（様）付けの尊敬語彙であっても敬語助詞を用いていないが、非文ではない。しかし、③は「－께서－kkeseo」という敬語助詞を使っているのに「－님－nim」（様）付けの尊敬語彙を使わないこと、そして④は③と同じ問題に加えて、さらに敬語助詞を用いない点で自然ではない。

＜場面４＞「話し手」の先輩が「聞き手」の後輩に、先週、集まりの場所に寄ったのかどうかを確かめる会話である。

#① 지난주 후배님께서만 여기에 들렀어요?
jinanju hubaenimkkeseoman yeogi-e deulleoss-eo-yo
(先週、後輩だけがここに寄ったのですか)

② 지난주 후배께서만 여기에 들렀어요?
jinanju hubaekkeseoman yeogi-e deulleoss-eo-yo
(先週、後輩だけがここに寄ったのですか)

③ 지난주 후배님만 여기에 들렀어요?
jinanju hubaeniman yeogi-e deulleoss-eo-yo
(先週、後輩だけがここに寄ったのですか)

#④ 지난주 후배만 여기에 들렀어요?
jinanju hubaeman yeogi-e deulleoss-eo-yo
(先週、後輩だけがここに寄ったのですか)

主体（主語）・聞き手：後輩、話し手：先輩

この発話文の主体（主語）である「後輩」は、言葉の性質上、尊敬の属性を持たない語彙であるが、①③のように「－님－nim」（様）付けをして敬う気持ちを持たせることができる。この場合、後輩に対する先輩の謙遜する気持ちや品格が漂う。しかし、「－님－nim」（様）付けがない②の敬語助詞だけでも①③のような効果はあろう。ここで重要なのは、後輩が主体であっても「話し手」が用言としてぞんざいな「들렀어？deulleoss-eo」ではなく「들렀어요？deulleoss-eo-yo」という丁寧語を用いているという点である。その意味で①～④は、先輩の後輩に対する丁寧な礼儀正しい気持ちが込められていると言える。いずれの表現もできると考えられるが、①の「－님－nim」（様）や「－께서－kkeseo」に相応しい共起用言は「들르셨어요？deulleusyeoss-eo-yo 」（寄られましたか）であろう。④は「－님－nim」（様）付けがなく、助詞も一般助詞の「－만－man」なので、共起する用言としては「들렀어？deulleoss-eo」が良かろう。②③は、「－님－nim」（様）や「－께서만－kkeseoman」のいずれか一つだけを用いているため、共起用言の「들렀어요？deulleoss-eo-yo」に適応していると言える。

＜場面５＞孫が祖父のことを思い出しながら叔父さんと交わしている会話である。

①그 당시 할아버님께서도 저에게 많은 말씀을 해 주셨습니다
geu-dangsi halabeonimkkeseodo jeo-ege manh-eun malsseum-eul hae jusyeoss-seubnida

(あの当時、おじいさんも　私に多くの話を語ってくださいました)

#② 그 당시 할아버님도 저에게 많은 말씀을 해 주셨습니다.

geu-dangsi halabeonimdo jeo-ege manh-eun malsseum-eul hae jusyeoss-seubnida

(あの当時、おじいさんも　私に多くの話を語ってくださいました)

③ 그 당시 할아버지께서도 저에게 많은 말씀을 해 주셨습니다.

geu-dangsi halabeojikkeseodo jeo-ege manh-eun malsseum-eul hae jusyeoss-se ubnida

(あの当時、おじいさんも　私に多くの話を語ってくださいました

#④ 그 당시 할아버지도 저에게 많은 말씀을 해 주셨습니다.

geu-dangsi hal-abeojodo jeo-ege manh-eun malsseum-eul hae jusyeoss-se ubnida

(あの当時、おじいさんも　私に多くの話を語ってくださいました)

主体（主語）：祖父（할아버지 halabeoji）、与格・話し手：孫（저 jeo）、聞き手：叔父さん

この発話では、主体の祖父、「話し手」の孫（저 jeo)、「聞き手」の叔父さんという人間の上下関係は明確である。ここで、「할아버님 halabonim」(お祖父様）や「할아버지 halabeoji」（お祖父さん）は尊敬の属性を持つ名詞であるため、①や③は敬語助詞の「－께서도－kkeseodo」（－も）を付け、用言も尊敬語の「주셨습니다 jusyeoss-seubnida」(下さいました) を使用している。

一方、②④は主格に敬語助詞ではない「－도－do」(－も) を付けているが、一般的に敬語名詞の「할아버님 halabeonim」(お祖父様)、「할아버지 halabeoji」（お祖父さん）という上位関係が分かる名詞に一般助詞を用いるのは相応しくない。

<場面6>友達同士で喧嘩をしているとき、隣の家のオジサンに叱られたことについて、「話し手」が「聞き手」の友人に明かしている場面である。

① 우리가 다른 친구하고 싸우고 있을 때 옆 집 아저씨께서는 나를 호통치셨어.

uliga daleun chinguhago ssa-ugo iss-eul ttae yeop jib ajeossikkeseoneun naleul hotongchisyeoss-eo.

(私たちが友達同士で喧嘩をしているとき、隣の家のオジサンは僕をお叱りになった)

② 우리가 다른 친구하고 싸우고 있을 때 옆 집 아저씨는 나를 호통치셨어.

uliga daleun chinguhago ssa-ugo iss-eul ttae yeop jib ajeossineun naleul hotong chisyeoss-eo.

(私たちが友達同士で喧嘩をしているとき、隣の家のオジサンは僕をお叱りになった)

主体（主語）：オジサン（아저씨 ajeosi)、対格・話し手：僕（나 na)、聞き手：話し手の友人

この①隣の家の「아저씨 ajeosi」（おじさん）に「－께서는－kkeseoneun」の敬語助詞を付けるのは、「話し手」が尊敬の気持ちを込めているからと言えよう。なお「호통치셨어 hotongchisyosseo」という尊敬の用言は敬語助詞と適応している。しかし、主体が「話し手」より目上であっても「聞き手」が「話し手」の友人なので、敬語助詞ではない②の「－는－neun」を用いても違和感はない。なお、①②の共起用言として尊敬の「호통치셨어 hotongchi syosseo」の代わりに「호통쳤어 hotongchyesseo」を用いても非文ではない。

＜場面７＞人と喧嘩をした弟（「話し手」）が、現場に駆け付けた人々の中で兄だけが自分を叱ったことについて「聞き手」の父に話している発話である。

#① 사람들 중에서 형님께서만 저를 꾸중했어요.　（人の中で兄だけが私を叱りました）

salamdeul jung-eseo hyeongnimkkeseoman jeoleul kkujunghaess-eo-yo

②사람들 중에서 형님만 저를 꾸중했어요.（人の中で兄だけが私を叱ってました）

salamdeul jung-eseo hyeongnimman jeoleul kkujunghaess-eo-yo

#③사람들 중에서 형께서만 저를 꾸중했어요.　（人の中で兄だけが私を叱りました）

salamdeul jung-eseo hyeongkkeseoman jeoleul kkujunghaess-eo-yo

④사람들 중에서 형만 저를 꾸중했어요.　（人の中で兄だけが私を叱りました）

salamdeul jung-eseo hyeongman jeoleul kkujunghaess-eo-yo

主体（主語）：兄、対格・話し手：弟（저）、聞き手：父

この発話では、主体の兄は弟より目上であるが、「聞き手」が父であるため、①③のように「－께서만－kkeseoman」の敬語助詞を付けるのは相応しくない。韓国語の絶対敬語の「話し手」より目上の人の話題なら「話し手」は「聞き手」に対して敬語を使うという一般的なルールから外れる場面である。つまり、この場面は日本語の相対敬語に近い。しかし、兄というのは「－님－nim」（様）付けが頻繁に行われる語彙であるため、たとえ父の前でも②の「－님－nim」（様）付けは許容範囲と言えよう。

＜場面８＞祖父が孫に、（孫の）叔父が訪ねてきたことを知らせる発話である。

①　삼촌께서　오셨다.　samchonkkeseo-osyeossda（叔父さんがいらっしゃった）

②　①촌이　오셨다.　samchoni-osyeossda　（叔父がいらっしゃった）

③　삼촌께서　왔다.　samchonkkeseo- wassda　（叔父さんがきた）

④　삼촌이　왔다.　samchoni-wassda　（叔父がきた）

主体（主語）：叔父、話し手：祖父、聞き手：孫

この①では「話し手」の祖父より主体が目下の叔父であるにも関わらず、祖父は敬語助詞「－께서－kkeseo」や尊敬用言「오셨다 osyeossda」、そして③は「－께서－kkeseo」や用言「왔다－wassda」を用いている。この①②③の発話文、つまり目上の祖父が目下の叔父がきたことについて述べる言い方は、絶対敬語や相対敬語のいずれにおいても非文であるが、実際に使われている。このような現象に対してイ・ジョンボク（이정복）（2008：19）は、「聞き手」に目上の人に対するメンツを立てるという心理を教えるような教育的効果を狙っているとしている。ただ、一般的によく耳にする、目上の祖父が目下の叔父に関する事柄について孫に伝える言い方は④である。

＜場面9＞話し手が隣家のお爺さんとの会話の中で、先週、そのお爺さんの孫が話し手の家に遊びにきたと言っている発話である。

①지난주（할아버지의）손주께서도 우리집에 들렀습니다.
jinanju(hal-abeoji-ui) sonjukkeseodo ulijib-e deulleoss-seubnida
（先週（お祖父さんの）お孫さんも家に寄ってました）

②지난주（할아버지의）손주도 우리집에 들렀습니다.
jinanju(hal-abeoji-ui) sonjudo ulijib-e deulleoss-seubnida
（先週（お祖父さんの）孫も家に寄ってました）

主体（主語）：孫、話し手：隣人、聞き手：お祖父さん

この「손주 sonju」（孫）は、「後輩」、「아들 adeul」（子供）のように尊敬の属性を持つ語彙ではない。したがって、①主体の「손주 sonju」（孫）だけをとってみると、「－께서도－kkeseodo」の敬語助詞を付けるのは相応しくない。しかし、談話の中で主体の孫はお爺さんと関わっており、孫がお爺さんの地位に基づいて判断されているのである。その関係は示さず、一般助詞②「－도－do」を用いても不自然ではない。

＜場面10＞「話し手」の校長先生が金先生に対して誰が学校に出勤していたのかを確かめる発話である。

①지난주 일요일 김선생님께서만이 학교에 들렀지요?
jinanju il-yo-il gimseonsaengnimkkeseoman-i haggyo-e deulleossji-yo
（先週の日曜日、金先生だけが　学校へ寄られたでしょう）

②지난주 일요일 김선생께서만이 학교에 들렀지요?
jinanju il-yo-il gimseonsaengkkeseoman-i haggyo-e deulleossji-yo
（先週の日曜日、金先生だけが　学校へ寄られたでしょう）

③지난주 일요일 김선생님만이 학교에 들렀지요?

jinanju il-yo-il gimseonsaengnimman-i haggyo-e deulleossji-yo
（先週の日曜日、金先生だけが　学校へ寄られたでしょう）
④지난주 일요일 김선생만이 학교에 들렀지요?
jinanju il-yo-il gimseonsaengman-i haggyo-e deulleossji-yo
（先週の日曜日、金先生だけが　学校へ寄られたでしょう）
主体・聞き手：金先生、話し手：校長

この場面の言い方では、韓国における教師社会の独特な文化も混ざっていると言える。つまり、一般的に教師同士は「－님－nim」（様）付けでもって「선생님 seonsaengnim」（先生様）と言われるが、校長先生のような目上の先生が目下の先生を呼ぶ時は「－님－nim」（様）を省くこともある。

①②のように主体（主語）助詞「－께서만이－kkeseomani」を用いるのが一番丁寧な言い方であるが、共起する用言まで合わせると、「들르셨지요? deulleusyeossji-yo」を用いたほうがいい。しかし、この場面では③④の一般助詞も許容され、そして共起用言として「들렀지요? deulleossji-yo」も言える。

なお、「－께서만이－kkeseomani」は、「－께서만－kkeseoman」に「－이－i」を加えることによって「－だけ」を、さらに強調するニュアンスを出している。

以上、一般的に韓国語においては尊敬の属性をもつ主体（主語）の名詞に敬語助詞を付けるが、これだけが敬語助詞を付ける絶対条件ではない。基本的に対話の中で主体・「聞き手」が「話し手」より目上、そして主体（話題の人物）が「話し手」や「聞き手」より目上の場合、敬語助詞を用いる。しかし、談話の状況によっては主体に敬語助詞を使わなければいけないところに一般助詞が使われることもあり、逆に、一般的には敬語助詞を使わない場合にもあえて用いるケースもある。

要するに、談話の中で主格に対していかなる姿勢で臨むのかが敬語助詞を使うか使わないかの基本になると言えよう。概ね主格・「聞き手」が「話し手」より著しく目上の場合は、例外なく敬語助詞を使う傾向があると言える。実際の言語運用上では敬語助詞の使い方が乱れていることも多いが、韓国社会では広く使われているのである。

4．日本語の主体と敬語助詞

日本語で敬意の対象になる主体に敬語助詞を付けることは韓国語と同様であるが、同じく「話し手」や「聞き手」の関係、そして話者と話題との関わりによって、助詞の付け方にはどのような特徴があるのかを分析していくことにする。

（表１）で確認してきたように、日本語には敬語助詞があまり発達せず、その使用はほとんど主体（主語）に留まっているが、与格にも用いる。特に現代語では、限られた場面や条件において稀に用いる傾向にあると考える。

＜場面一＞天皇が被災地のある家を訪問したことに関して、「話し手」の市民が「聞き手」の他の市民に話す場面である。

①天皇陛下には避難所をご訪問されたそうですよ。

②天皇陛下は避難所をご訪問されました。

#③天皇陛下におかれましては避難所をご訪問されました。

*④天皇陛下におかせられましては避難所をご訪問されました。

主体（主語）：天皇、話し手：ある市民、聞き手：ある市民

①は主体（主語）である天皇に「－には」を付けているが、（表１）の（ⅱ）に当たる敬語助詞である。①の敬語助詞「－には」は、現代語では一般的に②のように一般助詞「－は」付けで表されることのほうが多い。注意したい点は、①の「－には」は（ⅶ）の「－には」とは異なるということである。つまり、形は同じであっても（ⅶ）の「－には」は与格であるが、①の「－には」は主格を表している。

①②はいずれも天皇陛下が臨場しておらず、基本的に対面しない場面が自然であろう。すなわち、「－には」は対面よりは非対面、そして文章に使う傾向が強い。現在、①はあまり用いない傾向にあるため非文のような感じもあると考えられるが、主体の敬語助詞として用いられ得る。同じ主格の代わりに使われる敬語助詞であっても、③もそれほどは用いない傾向と言える。しかし、「－におかれましては」は④と違って生活の中で用いることもある。また、「－におかれましては」について詳細にみれば、助詞「に」に「おく」という動詞、そして尊敬の助動詞「られる」、さらに丁寧語の「ます」を複合的に加えたものであり、これをもって敬語助詞と言えるのかどうか、はっきりとした位置づけは難しい面もある。実際のところ、使用場面がかなり限定された「慣用句」と言ったほうがよいかもしれない。

さらに、④の「−におかせられましては」は現在ほとんど用いられておらず、古い言い方なので耳にする機会すらほとんどないと考える。

＜場面二＞ある集まりで司会者が聴衆に最初の挨拶として話した談話である。

①（司会者）皆様にはますますお健やかにお過ごしのことと存じます。
*②（司会者）皆様においてはますますお健やかにお過ごしのことと存じます。
③（司会者）皆様におかれましてはますますお健やかにお過ごしのことと存じます。
*④（司会者）皆様におかせられましてはますますお健やかにお過ごしのことと存じます。
主体（主語）・「聞き手」：傍聴者（皆様）、話し手：司会者

この①の敬語助詞は、対面しない場面において用いるのが自然のようである。しかし、たとえ対面であってもこの場面のように少し物理的距離を保った状況では違和感はない。③は敬語助詞として使われるが、②はあまり用いず、また④も敬語助詞ではあるが、大きな身分の差があった時代とは違い、現代ではここまで仰々しい言葉はまず使わない。

＜場面三＞弟子が先生に書いた手紙の文章である。

①　先生にはますますお健やかにお過ごしの御事と存じます[6]。
#②　先生はますますお健やかにお過ごしの御事と存じます。
③　先生におかれましてはますますお健やかにお過ごしの御事と存じます。
④　先生におかせられましてはますますお健やかにお過ごしの御事と存じます。
与格・読み手：先生、主語・書き手：弟子

これらは手紙の文章なので対面ではない。①③は敬語助詞「−には」や「−におかれましては」と、「お健やかにお過ごしの御事」が共起している。しかし、②の主格の一般助詞は、このような用言の共起には相応しくない。④は、古い表現であって手紙であるゆえに非文ではないかもしれないが、まず用いることはないと考える。

＜場面四＞母と娘が家族旅行に行くと決めて、そのことに関して娘が同席していなかった父に説明すると母に言う発話である。

①父さんには私が説明します。
②お父さんに私が説明します。
③お父さんにつきましては私が説明します。
主体・話し手：娘、聞き手：母、与格：父

この①の「－には」は形としては（表１）の（ⅱ）と同じであるが、文章から見ると（ⅶ）の与格に当たる一般助詞である。①が与格であることを明確にするのは、②与格の「－に」である。③「－につきましては」は与格の敬語助詞であるが、日本語が相対敬語であっても身内同士であるため、目上の父に敬語助詞を使うのである。しかし、非文ではないが、身内同士の話としては丁寧過ぎて他人行儀であり、日本人には違和感のある言い回しであると考えられる。

＜場面五＞息子が商社に就職し、娘も難関大学に入学したことに関して、父親の友人が父親に祝いの手紙を書いて、誠にめでたい意志を伝える手紙の文章である。

①　商事に御就職の由、また御令嬢様にも難関大学に御入学の由、衷心からお慶び申し上げます[7]。

②　商事に御就職の由、また御令嬢様には難関大学に御入学の由、衷心からお慶び申し上げます。

③　商事に御就職の由、また御令嬢様は難関大学に御入学の由、衷心からお慶び申し上げます。

主体：令嬢、書き手：父の友人、読み手：父

この①の「－にも」も「－には」と同様、主体（主語）に付く助詞「－も」に「－に」を付けて敬意を表す場合がある。ここで主体の「御令嬢様」における「令嬢」という語彙だけでも尊敬の意を表している。しかし、これに尊敬の接頭辞「御」、さらに尊敬の接尾辞「様」まで付けているので三重の敬意を表すことになる。したがって、助詞も一般助詞ではない①②を用いるのは最もなことであろう。なお、主体（主語）が令嬢ではなく、皇后陛下の場合、「皇后陛下も･･･」と述べる代わり「皇后陛下にも･･･」と述べる[8]。この敬語助詞の「－にも」も非対面、ないしは多少の物理的距離を伴う際の談話や文章で用いられると考える。

検討してきたように（表１）の（ⅴ）の「－にも」も敬語助詞であるが、なぜ②には「－にも」を用いるのか。それは商社に就職したことに続いて令嬢の入学を祝っている、つまり二つ目の事柄なので後者の主体は「－には」ではなく「－にも」が相応しいためと考えられる。そこで②のように商事への就職と難関大学への入学を別々に見なせば、敬語助詞の「－には」、また一般助詞を使うなら③の「－は」も可能となる。

＜場面六＞父親の友人（「話し手」）が「聞き手」の父親に挨拶している会話である。

① ご令嬢にもよろしくお伝えください。
② ご令嬢によろしくお伝えください。
話し手：父の友人、聞き手：父、与格：娘（令嬢）

この①の「－にも」は、形は（表１）の（v）と同じであるが、（ix）の与格の一般助詞である。②も同じ与格であるが、①の場合は他の事柄を述べた後で令嬢のことを取り上げている。しかし、②は令嬢のことだけを取り上げている場合である。

このように、日本語における主体（主語）の敬語助詞は韓国語ほど多くはないが、存在しているのは明らかである。その用途も韓国語ほど広くないが、敬語助詞は非対面や多少の物理的距離が保たれる間で用いられている傾向が強い。

５．おわりに

以上、韓国語と日本語における敬語助詞に関する類似点とともに相違点を確認することができた。これは助詞の研究につながる大きな成果を得たと考える。具体的には、以下の内容が浮き彫りになった。

韓国語と日本語の敬語助詞は、（表１）で見るように、韓国語は「－께－kke」、日本語は「－に」に他の助詞を加える。しかし、韓国語の「－께－kke」は与格の敬語助詞であるが、日本語の「－に」は一般助詞である。日本語の「－に」は与格以外に場所格（位置格）に使われることもある。これに対応する韓国語の助詞は「－에－e」である。韓国語や日本語の（位置格）に関する敬語助詞は存在しない。また、韓国語の敬語助詞は主体（主語）・与格・所有格に亘っているが、一方日本語は主に主体・与格に留まっている。

そして、韓国語は尊敬の属性を持つ主体や談話における状況、つまり「話し手」と「聞き手」の上下関係及び話題の人物によって、様々にその敬語助詞の使い方が決まる。一方、日本語は手紙など、非対面の場面や多少の物理的距離感のある場合に使われる。また敬語助詞は、韓国語は口語体、日本語は文語体に用いられる傾向があるとも言えよう。

しかし、これらの敬語助詞は、敬語の使用基準が崩れていっている傾向の中、その使い方が正確さを欠いていることも事実である。また、韓国語と日本語に共通した言語的特徴から、対面対話における助詞は省かれる習性が強いため、敬語助詞は口語体より文語体に強く残る傾向をたどっていると言える。

今後は、このような傾向に関して社会言語学的な観点から研究を重ねるのも望ましいことだと考える。

注

（1）梅田博之（1991：27）は、「ー이/가ーi/ga」の敬語形は「ー께서ーkkeseo」であるとし、「敬語形助詞」という用語を用いている。

（2）梅田博之（1990：95-102）を参照されたい。

（3）韓国語の「ー의ーui/e」・「ー의ーui/i」・「ーㅢーi」に関する読み方は、4つがある。詳しくは、金泰虎（2012：16）を参照されたい。

（4）益岡隆志/田窪行則（1992：45-46）は、与格や場所格（位置格）を「ニ格」として説明している。

（6）日韓の「ー様」/「ーさん」については、金泰虎（2009）を参照されたい。韓国語の「ー님ーnim」は一般的に日本語の「ー様」で訳する。しかし、「선생님 seonsaengnim」の場合、「先生様」と訳すれば、違和感を漂わせる。

（6）辻村敏樹（1991：349）から引用

（7）辻村敏樹（1991：349）から引用

（8）辻村敏樹（1991：349）から引用

第４章　韓国語の「-겠-gess」に関する意味機能の考察
－敬語に付くケースを中心に－

キーワード：「－겠－gess」の基本的意味機能、「－겠－gess」の多義性、
「－겠－gess」の意味強化機能

１．はじめに

韓国語の用言に使われる「－겠－gess」[1] に関しては、数多くの先行研究があり、「－겠－gess」に様々な意味機能があることを明らかにしている[2]。その意味機能を整理して示したのが、以下の（図１）である。つまり、「－겠－gess」のもつ意味機能は「意志」・「推量」・「未確定」・「可能」・「予定」・「婉曲」・「未来」・「謙譲」と多くにわたる。

ところで、先行研究における全恵英（1995）は「－겠－gess」に関して文法論に基づく意味機能ではなく、語用論、つまり対話における機能を考察し、聞き手の談話状況で「未確定」の場合、「恭遜」・「謙遜」の意味を持つとしている[3]。しかし、２人称が主語の疑問文(聞き手の意向や現在の状況を尋ねる)の「－겠－gess」に「謙譲」ないし、「恭遜」の意味合いがあるという氏の見解には、疑問が残る。なぜなら元来、「謙譲」または「恭遜」という意味機能は、話し手（１人称）主語の平叙文、つまり話し手自身に関する発話に現れ、聞き手(２人称主語)に関する発話に見られるものではないからである。一般的に「謙譲」・「恭遜」は、話し手自身（１人称主語）がへりくだる場合に用いる表現なのである[4]。

このような問題点に気づいていたのか、すでに張京姫（1985）は２人称主語（聞き手）の疑問文に「－겠－gess」が「恭遜」の意味合いとして使われるのは、聞き手が尊敬の対象である場合に話し手が使う「特殊な用法」であるとしている[5]。張京姫（1985）の研究は、話し手自身がへりくだる表現としての「－겠－gess」の「謙譲」や「恭遜」を、話し手が聞き手（２人称主語）にも使うことがあることを説明している点でより進んだ分析であると言えよう。しかし、氏の分析も卓見ではあるものの、話し手が聞き手（２人称）を主語にした発話に使う「－겠－gess」の意味機能の解明には至ってない。

そこで本稿では、先行研究の成果を踏まえつつ、明らかになっていない、対話における「－겠－gess」の意味機能を、ことに敬語と関連づけて考察す

る。すなわち、「－시－si」（尊敬）・「尊敬用言」、そして「謙譲用言」に「－겠－gess」を付けたケースの発話を中心に分析をする。対話における話し手と聞き手の関係は、話し手が「－ㅂ니다－bnida/－습니다－seubnida」（格式体）や「－아요－ayo/－어요－eoyo」（非格式体）、そして「－십니다－sibnida/－으십니다－eusibnida」（格式体）や「－세요－seyo/－으세요－euseyo」（非格式体）を使う間柄、つまり聞き手が目上で話し手が目下であることを想定して論を進める(6)。そして、対話は話し手が聞き手に発話する３つのケース、つまり１人称の主語、２人称の主語、３人称の主語に分けて考察する。

2．韓国語における「－겠－gess」の多義性と敬語

先行研究において、「－겠－gess」が「時制範疇(未来・現在・過去)」、「推量(推測・推定)」、「意志(意図)」、「予定」、「可能」、「未確定」、「婉曲」、「謙譲」などの多義性をもっていることについては、すでに触れてきた。「－겠－gess」の多義性は、次の（図１）のように示すことができよう。

（図１）「－겠－gess」の多義性

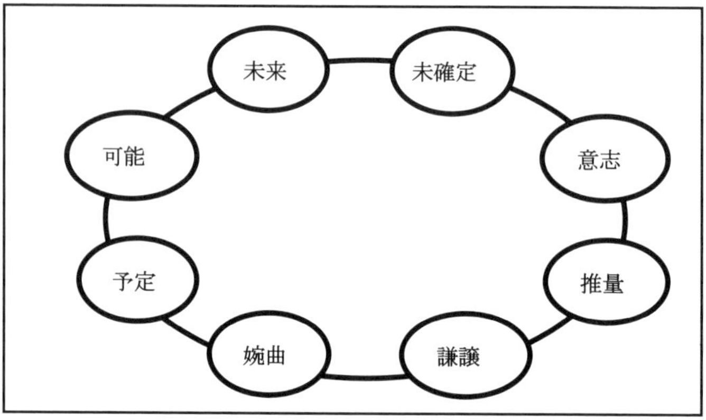

ここで、「－겠－gess」のそれぞれの意味機能を楕円で結んでいる理由は、「－겠－gess」の多様な意味機能はそれぞれ別個のものとして現れるわけではなく、場合によっては複数が絡んで現れるからである。これから取り上げる対話の中の「－겠－gess」は、実現されていない「非現実性」を帯びている。

ところで、韓国語の敬語は用言の語幹に一定の終結語尾を結合して、話題の人物、主体や聞き手を高めたり、話し手がへりくだったりする。この敬語は、日本語と同様に「尊敬語」・「謙譲語」・「丁寧語」の３つに分けられるが、それぞれの終結語尾について簡単に触れておくことにする。

丁寧は用言の語幹に「－ㅂ니다－bnida/－습니다－seubnida」(格式体)、「－아요－ayo/－어요－eoyo」(非格式体)を付けて「です・ます」という日本語訳になる。本来なら前者の「格式体」は「－でございます」、後者の「非格式体」は「－です/ます」と訳さなければならない。しかし、両者は日本語の「－でございます」と「－です/ます」ほどの差がないため、両者とも「－です/ます」と訳すのが一般的である。

そして、尊敬[7]は用言の語幹に「－시－si/－으시－eusi」を付ける。すなわち、「格式体」は語幹に「－십니다－sibnida/－으십니다－eusibnida」、「非格式体」は語幹に「－세요－seyo/－으세요－euseyoseyo」をつけて、「お・ごーする/お・ご-になる」という日本語訳になる。特別に「尊敬用言」が存在している語もあり、例えば「드시다 deusida・잡수시다 jabsusida」（召し上がる)、「계시다 gyesida」(いらっしゃる）、「안 계시다 an gyesida」(いらっしゃらない)、「주무시다 jumusida」（お休みになる)、「돌아가시다 dolagasida」(お亡くなりになる)、「별세하시다 byeolsehasida」(世を去られる)、「서거하시다 seogeohasida」(逝去なさる)が上げられる。

一方、謙譲は用言の語幹に「－겠－gess」を付けて、「－겠습니다－gessseubnida」となる。また、特別な「謙譲用言」としては、「드리다 deurida」・「바치다 bachida」(さしあげる)、「말씀드리다 malssumdeulida」(申し上げる)、「여쭈다 yeojjuda」(伺う)、「뵙다 boebda」(伺う・お目にかかる)、「모시다 mosida」(お供する)、現在は殆ど使わない「아뢰다 aroeda」・「사뢰다 saloeda」(申し上げる)がある。

このような韓国語の敬語を理解した上で、「尊敬用言」・「謙譲用言」に「－겠－gess」を付けた「格式体」、「非格式体」の意味機能を分析していくが、必要に応じて「－겠－gess」を加えない用言も取り上げて比較を行う。

３．１人称主語における「－겠－gess」の機能

１人称主語の用言に「－겠－gess」が付いた場合は、話し手（1人称）自身のことに関する発話である。ここでの例文は、聞き手（２人称）が話し手より目上を想定している。

繰り返しになるが、１人称主語の用言における「－겠－gess」の意味機能を分析するため、終結語尾は以下のように分けて考察する。

(g)　　：「謙譲用言」の「格式体」に「－겠－gess」を付ける。
(g’)　：「謙譲用言」の「非格式体」に「－겠－gess」を付ける。
(h)　　：「謙譲用言」の「格式体」のみ。
(h’)　：「謙譲用言」の「非格式体」のみ。
(i)(i’)：「謙譲用言」に（－ㄹ－l/－을－eul）を付ける。
(j)　　：一般用言の「格式体」に「－겠－gess」を付ける。
(j’)　：一般用言の「非格式体」に「－겠－gess」を付ける。
(k)　　：一般用言の「格式体」のみ。
(k’)　：一般用言の「非格式体」のみ。
(l)(l’)：同じ意味の一般用言に（－ㄹ－l/－을－eul）を付ける(8)。

これらの終結語尾をもって比較を行い、「－겠－gess」の意味機能を明らかにしていくことにする。ここで、文法的に正しくない「非文」（不成立・不具合）は*印、一定の場面で相応しくなく使わない「不適切文」（不適切）は、#印で示す。

＜一般用言＋「－겠－gess」＞

●場面：教室の掃除をめぐって、話し手の学生（１人称主語）と聞き手の先生（目上）との間で交わされた対話である。

（1）이거 누가 할 거야?　igeo nuga hal ggeoya　これ誰がするの。
(j)　제가 하겠습니다.　jega hagesseubnida　私がいたします。
(j’)제가 하겠어요.　jega hagesseoyo　私がいたします。
(k)　제가 합니다.　jega habnida　私がします。
(k’)제가 해요.　jega haeyo　私がします。
(l)　제가 할 겁니다.　jega halggeobnida　私がします。
(l’)제가 할 거예요.　jega hal ggeoyeyo　私がします。

（1）の(j)(j’)における「－겠－gess」は「－いたします」と訳しているが、日本語の「－させていただきます」のニュアンスが強く、(1)に比べて、目上の聞き手を意識した「謙譲」の現れと言える。なお、これから掃除をす

るという「意志」、未だに掃除が実現できていない非現実であるため「未来」・「予定」の意味合いが含まれていると考える。(1’）は、「未来」・「予定」・「意志」の意味が含まれており、丁寧な表現であるが、(1)に比べると、丁寧度は低い。一方、(1)(1’)の意味とほぼ同じであると言えるが、丁寧度は(j)(j’)に比べて、かなり下がる。

ここで、「－겠－gess」の表す「未来」とは、実現していない非現実のことであるが、実現までのタイム・スパンについて考えてみたい。（1）における先生の掃除に対する問いかけに話し手の学生が反応として発話をしている。そこで、学生が話し手になり、先生が聞き手になっているが、実際、学生の発話から掃除に取り掛かるまでの時間がタイム・スパンである。つまり、学生が答えるや否や掃除を実行に移したら、そのタイム・スパンは1秒、その実行が明日になれば24時間である。例えば、「내년, 대학원에 진학합니다 naenyeon daehagwone jinhaghabnida /진학해요 jinhaghaeyo」（来年、大学院に進学します）のような事柄であれば、発話から進学の実現までのタイム・スパンは1年である。対話によっては、未来、つまり発話から実現までのタイム・スパンが10年以上になることもあろう。

このように、対話における「－겠－gess」の意味機能が未来であれば、その実現までのタイム・スパンは、対話の内容によってまちまちである。

一方、一般用言の「格式体」(k)、一般用言の「非格式体」(k’)は未来の意味はなく、現在ないし現在進行の意味合いが強い。(k)(k’)だけでは説明しにくいため、ほかの対話を取り上げてみよう。

お母さんと子供の対話の中で、「미영아！ 뭘 하고 있어? miyeoga！ mwol hago isseo」（ミヨンちゃん、何をしているの）に対し、「밥 먹습니다 bab meogseubnida/먹어요 meogeoyo」(ご飯食べます)という子供の発話を耳にする。ここでは「먹습니다 mogseubnida/먹어요 mogeoyo」を文字通りに日本語に訳すと「食べます」であるが、実は「食べています」という訳がより韓国語のニュアンスに近い。つまり、一般用言の「格式体」や「非格式体」において時制が現在の場合、そのニュアンスは現在ないし、現在進行である。

＜一般用言＋「－겠－gess」＞

●場面：話し手の後輩（1人称主語）と聞き手の先輩（2人称）が話をしている途中、後輩のほうが、約束があると言いながら先に席を立つ時の対話である。

（2）선배님！그럼 약속이 있어서　seonbaenim geuleoum yagssogi isseoseo

先輩、それでは、約束があるので
(j)　먼저 실례하겠습니다.　meonjeo sillyehagess-seubnida
お先に失礼いたします。
(j’)먼저 실례하겠어요.　meonjeo sillyehagess-eo-yo
お先に失礼いたします。
(k)　먼저 실례합니다.　meonjeo sillyehabnida
お先に失礼します。
(k’)먼저 실례해요.　meonjeo sillyehae-yo
お先に失礼します。
(l)　*먼저 실례할 겁니다.　meonjeo sillyehal geobnida
お先に失礼する予定です。
(l’)*먼저 실례할 거예요.　meonjeo silyehal geo-ye-yo
お先に失礼する予定です。

（2）の(j)～(l’)は、話し手（1人称主語）の意図するそれぞれの場面で使える対話である。しかし、(j)(j’)の「－겠－gess」は「意志」を表し、また聞き手に配慮してへりくだっている謙譲表現でもある。目上の人に対してへりくだる場合、(j)が一番丁寧な表現と言える。

ここで、失礼な行動（先に席を立つ）に移る時間について考えることにしよう。話し合っている途中、発話と同時にすぐ席を立つ場合、(j)～(k’)まではいずれも使える発話である。たとえ(j)(j’)の「－겠－gess」に未来という意味機能があっても、先に失礼するという場面では違和感なく使える。(k)(k’)は、発話から失礼な行動までが1秒もかからないため、「－겠－gess」に未来の意味機能があっても現在や現在進行と同じく見なすことができる。しかし、(l)(l’)は辞去（いとまごい）の行動が明らかに未来に伴ってくるということを意味する。つまり実現までに要する時間が、(j)(j’)・(k)(k’)の辞去よりもはるかにかかるのである。要するに、(j)(j’)・(k)(k’)が辞去と同時か、あるいはすぐというニュアンスがあるのに対し、(l)(l’)は、1人称主語が発話をしてからずいぶん時間が経過してから席を立つという意味合いになるため、「非文」である。

＜一般用言＋「－겠－gess」＞

●場面：学会参加に関して、誰が学会に行くかという指導教授（聞き手）の問いに対して、大学院生（話し手）の一人が意志表明をする対話である。

（3）다음 달 학회에는　da-eum dal haghoe-euenun　来月の学会には

(j)　제가 가겠습니다.　jega gagess-seubnida　私が参ります。

(j’)제가 가겠어요.　jega gagess-eo-yo　私が参ります。

(k)　제가 갑니다.　jega gabnida　私が行きます。

(k’)제가 가요.　jega ga-yo　私が行きます。

(l)　제가 갈 겁니다.　jega gal geubnida　私が行きます。

(l’)제가 갈 거예요.　jega gal geo-ye-yo　私が行きます。

（1）（2）（3）は、ほぼ同じ意味でとらえることができよう。しかし、（1）（2）（3）における(k)(k’)は時制が違うニュアンスで聞こえる。つまり、（2）の(k)(k’)も他と同様、未来の意味合いが強い。なぜなら、それは未来を意味する「다음 달 da-eum dal daeumdal」（来月）という副詞が用言を制限しているからである。要するに、現在対話が行われ、未来の時制が用言を制限する場合は、一般用言における「格式体」や「非格式体」は未来を意味することになる。

ところで、「－겠－gess」の付く(j)(j’)と丁寧の(k)(k’)とは、どんな差があるのか。(k)(k’)は単なる丁寧・未来の意味合いであるのに対し、(j)(j’)は丁寧・未来に加えて謙譲の意味合いまで含んでいるのである。

＜謙譲用言＋「－겠－gess」＞

●場面：社内の表彰式典の後、表彰を受けた聞き手の専務（２人称）に話し手の社員（１人称）が祝いの言葉を述べている。

（4）　어떤 한 사원이 전무에게　eotteon han sawon-i jeonmu-ege
ある一人の社員が専務に

(g)　*정말 축하드리겠습니다.　jeongmal chughadeuligess-seubnida
おめでとうございます。

(g’)*정말 축하드리겠어요.　jeongmal chughadeuligess-eo-yo
おめでとうございます。

(h)　정말 축하드립니다.　jeongmal chughadeulibnida
おめでとうございます。

(h’)　정말 축하드려요.　jeongmal chughadeulyeo-yo
おめでとうございます。

(l)　＃정말 축하드릴 겁니다.　jeongmal chughadeulil geobnida
おめでとうございます。

(l’)＃정말 축하드릴 거예요.　jeongmal chukadeurlgeo-ye-yo
おめでとうございます。

（4）における(g)(g’)の発話は少し違和感があり、非文である。一方(h)(h’)は違和感なく、受けとめることができる。このお祝いの言葉は未来ではなく、いま起きていることに対する話であるためと考える。（4）は未来のことを話す必要がないため、現在ないし、現在進行の意味合いが強い。この場面において「－겠－gess」を使っても、未来の意味は必要なく、また謙譲の意味も「드리다 deulida」という「謙譲用言」がその役割を果たしているため担う役割がないのである。しかし、専務の受賞式が来週行われる予定であるが、用事があって出席できない場合、「来週、お祝いの席に出席できませんが、「먼저 축하 말씀 드리겠습니다 meonjeo chugha malsseumdeuligess-seubnida」(前もってお祝い申し上げます)なら、(g)も成り立つのである。この場合の「－겠－gess」は、謙譲に加えて未来の意味合いが強い表現である。しかし最近の韓国社会では、予めお祝いの言葉を述べるケースではなくても、(h)(h’)より(g)(g’)が、より丁寧と見なされる傾向にある。また、(l)(l’)については、3人称主語であれば成り立つ発話であるが、この場面における対話としては使われないため、不適格文である。

＜謙譲用言＋「－겠－gess」＞

●場面：会議の場で話し手の部下社員（1人称）が聞き手の上司（2人称）に対して話をする。

（5）그 건에 대해서는　geu geou-e daehaeseoneun　その件に関しては

(g)　제가 말씀 드리겠습니다.　jega malsseum deuligess-seubnida
私が申し上げます。

(g’)제가 말씀 드리겠어요.　jega malsseum deligess-eo-yo
私が申し上げます。

(h)　제가 말씀 드립니다.　jega malsseum deulibnida
私が申し上げます。

(h’)제가 말씀 드려요.　jega malsseum deulyeo-yo
私が申し上げます。

(l)　제가 말씀 드릴 겁니다.　jega malsseum deulil geobnida
私が申し上げるつもりです。

(l’)제가 말씀 드릴 거예요.　jega malsseum deulil geo-ye-yo
私が申し上げるつもりです。

（4）に比べて、（5）は話し手の部下が聞き手の上司に対して、ある事柄についてこれから述べるということなので、一秒といえども未来のタイム・

スパンが存在する。つまり、(g)(g’)、(l)(l’)は未来の意味合いを共通して持っているが、前者は謙譲の意味を持ち、後者(l)(l’)には単なる未来の意味合いしかないのである。しかしさらに細かくみると、(l)(l’)は(g)(g’)より実現が遅いニュアンスが強い。つまり、(g)(g’)は申し上げるまでのタイム・スパンが短く、(l)(l’)は少し長い。前者は即座に申し上げでも構わないが、後者はすぐに申し上げるニュアンスではない。(l)(l’)は「내일 nae-il」(明日)、「이따가 ittaga」(後ほど)を付けた場合でもその意味は通じるのである。そして(h)(h’)については、時を示す副詞がないため時制を明確にすることは難しいが、現在・現在進行に加えて、何となく未来のニュアンスが感じられる。

ところで、(g)(g’)は「말씀드리다 malsseumdeulida」だけでも謙譲である。しかし、「－겠－gess」を付けることによって未来はもとより、さらに謙譲の表現が加わった。したがって、この「－겠－gess」は、謙譲をさらに謙譲する、つまり「強化機能」が含まれていると言える。「－겠－gess」を付けることによって、謙譲の度合いが高くなったのである。

＜謙譲用言＋「-겠-gess」＞

●場面：町で、目上のお年寄り（聞き手）に若い人（話し手）が道を尋ねる。

（6）(g)　말씀 좀 여쭙겠습니다.　malsseum jom yeojjubgess-subnida
ちょっとお尋ねいたします。

(g’)　말씀 좀 여쭙겠어요.　malsseum jom yeojjubgess-eo-yo
ちょっとお尋ねいたします。

(h)　#말씀 좀 여쭙습니다.　malsseum jom yeojjubseubnida
ちょっとお尋ねします。

(h’)　#말씀 좀 여쭈어요.　malsseum jom yeojju-eo-yo
ちょっとお尋ねします。

(i)　#말씀 좀 여쭐 겁니다.　malsseum jom yeojjul geobnida
ちょっとお尋ねします。

(i’)　#말씀 좀 여쭐 거예요.　malsseum jom yeojjul geo-ye-yo
ちょっとお尋ねします。

（6）の道を尋ねる場面で(g)(g’)は違和感なく使える。しかし、(h)(h’)は限られた場面、つまり伝聞などにしか相応しくない「不適格文」である。例えば、「아버지!저 사람이 길을 물어요 abeoji jeo saram-i gil-eul mul-eo-yo」(お父さん、あの人が道を尋ねます)の場面などが考えられよう。(h) (h’)は、現在ないし現在進行の意味合いが強い。一方、(i)(i’)も「不適格文」であるが、使われる場面は、目上の人にあることに関して「明日、ちょっとお尋ねします」の場合は成り立つのである。

ここで、少し分析をしてみると、(g)は謙譲「여쭙다 yeojjubda」に「－겠－gess」を添加して(g)～(i)の中で一番高い謙譲表現で、(g’)がそれを次ぐものと言える。

では、(g)と(i)の差は何か。(g)と(i)は、尋ねるタイム・スパンは短いが、未来・謙譲の意味合いを含んでいる。すでに考察した（５）の事例の分析を参考にしてもらいたい。しかし、(g)には「여쭈다 yeojjuda」という「謙譲用言」に「－겠－gess」が付いているため、謙譲の「強化機能」がある。要するに、目上の聞き手と目下の話し手（１人称）の対話において、「謙譲用言」に「－겠－gess」を付ける場合は、「－겠－gess」は謙譲の「強化機能」を果たしているのである。

以上、１人称主語の用言における「－겠－gess」には、未来、謙譲などの意味機能があることを確認した。ここまで見てきたように、「－겠－gess」の意味機能を考える時、時制を限定する副詞があるか、あるいは発話と行動に移すまでの時間的な長さも大きく関わっている。なお、基本的に話し手の１人称主語の過去形・形容詞と「－겠－gess」を融合して使うケースはない。そして一般的に発話の際、聞き手が目上である場合、話し手（１人称）自身は謙譲の意味の「－겠－gess」を用いる。しかし、「謙譲用言」に「－겠－gess」を加えた場合は、謙譲をさらに強める「強化機能」が働くことを確認することができる。

４．２人称主語における「－겠－gess」の機能

この章では話し手（１人称）が聞き手（２人称主語）について表す用言に、尊敬の「格式体」や「非格式体」、丁寧の「格式体」や「非格式体」を使ったり、さらにはそれぞれに「－겠－gess」を加えたり、また過去形を付けたりする対話を取り上げる。２人称主語の発話における終結語尾は、以下のように分けて検討する。

(a)　：　「尊敬用言」の「格式体」に「－겠－gess」を付ける。

(a’)　：　「尊敬用言」の「非格式体」に「－겠－gess」を付ける。

(A)(A’)　：　(a)　(a’)それぞれの過去形[9]。

(b)　　　：「尊敬用言」の「格式体」のみ。
(b')　　　：「尊敬用言」の「非格式体」のみ。
(B)(B')：(b)(b')それぞれの過去形。
(c)(c')：同じ意味の一般用言（－ㄹ－l/－을－eul）を付ける。
(C)(C')：(c)（c'）それぞれの過去形。
(d)　　　：一般用言の「格式体」に「－시－si」や「－겠－gess」を付ける。
(d')　　　：一般用言の「非格式体」に「－시－si」や「－겠－gess」を付ける。
(D)(D')：(d)(d')それぞれの過去形。
(e)　　　：一般用言の「格式体」に「－시－si」を付ける。
(e')　　　：一般用言の「非格式体」に「－시－si」を付ける。
(E)(E')：(e)(e')それぞれの過去形。
(f)(f')：同じ意味の一般用言に「－시－si」や（－ㄹ－l/－을－eul）を付ける。
(F)(F')：(f)（f'）それぞれの過去形。
(g)　　　：「謙譲用言」の「格式体」に「－겠－gess」を付ける。
(g')　　　：「謙譲用言」の「非格式体」に「－겠－gess」を付ける。
(G)(G')：(g)(g')それぞれの過去形。
(h)　　　：「謙譲用言」の「格式体」のみ。
(h')　　　：「謙譲用言」の「非格式体」のみ。
(H)(H')：(h)(h')のそれぞれの過去形。
(i)(i')：「謙譲用言」に（－ㄹ－l/－을－eul）を付ける。
(I)(I')：(i)（i'）それぞれの過去形。
(j)　　　：一般用言の「格式体」に「－겠－gess」を付ける。
(j')　　　：一般用言の「非格式体」に「－겠－gess」を付ける。
(J)(J')：(j)(j')それぞれの過去形。
(k)　　　：一般用言の「格式体」のみ。
(k')　　　：一般用言の「非格式体」のみ。
(K)(K')：(k)(k')それぞれの過去形。
(l)(l')：同じ意味の一般用言に（－ㄹ－l/－을－eul）を付ける。
(L)(L')：(l)(l')それぞれの過去形。

以下では、２人称主語の発話の用言に「－겠－gess」を付けた様々な事例から考察していく。

＜尊敬用言＋「－겠－gess」＞

●場面：喫茶店で注文をする時に、話し手の部下社員（１人称）が聞き手の課長（２人称）に尋ねる２人称主語の発話である。

（７）과장님은　gwajangnieun　課長は

(a)　뭘 드시겠습니까?　mwol deusigeseumnika　何を召し上がりますか。

(a’）뭘 드시겠어요?　mwol deusigeseoyo　何を召し上がりますか。

(b)　#뭘 드십니까?　mwol deusimnika　何を召し上がりますか。

(b’）#뭘 드세요?　mwol deuseyo　何を召し上がりますか。

(c)　뭘 드실 겁니까?　mwol deusilgeumnika　何を召し上がりますか。

(c’）뭘 드실 거예요?　mwol deusigeoeyo　何を召し上がりますか。

すでに、１人称の発話において考察してきたように、（７）における(a)(a’)・(c)(c’)は、時制を考えると未来の意味が強い。一方、この場面の(b)(b’)は現在ないし現在進行の意味が強く、「今、何を食べていますか」を聞くような意味合いになるので「非文」である。

また、聞き手の課長には(a)(a’)・(c)(c’)のいずれも使える表現であるが、(a)(a’)の「－겠－gess」には未来の意味合いが含まれていると言えよう。ところで、これから注文して食べるという時間の流れや、聞き手に対して尊敬の意味を込めることを考えると、その対話は一般的に「尊敬用言」に「－겠－gess」を加えた(a)(a’)である。しかし、「尊敬用言」だけの(c)(c’)でもその尊敬の意味は十分聞き手に伝わる。ここで、この(a)(a’)と(c)(c’)には共通点として、未来・尊敬が確認できる。試しに(a)(a’)の「－겠－gess」を除去した場合、その意味は現在ないし現在進行になるため、この「－겠－gess」は未来の意味機能を持っている。

では、「－겠－gess」を省いた(c)(c’)は尊敬、さらに未来の意味機能まで確認できるが、(a)(a’)・(c)(c’)にはどんな差があるのだろうか。この(a)(a’)における「－겠－gess」には未来・尊敬に加えて何らかの機能が潜んでいるのである。こう考えた場合、「尊敬用言」に「－겠－gess」を付ける(a)(a’)には尊敬をより強めるという、つまり尊敬の「強化機能」があると言えよう。全恵英（1995）は「－겠－gess」の「恭遜」の現れは、「未確定」の場合に恭遜の意味が現れると指摘しているが、２人称主語に使うこの「－겠

－gess」の機能に対する説明が明確ではなかった。このように、２人称主語の「尊敬用言」に使う「-겠-gess」には謙譲ではなく、尊敬の「強化機能」という意味機能があると言うべきである。

＜謙譲用言＋「－겠－gess」＞

●場面：話し手の課長（１人称）が２人称主語の部長(聞き手)に対して、取引先の訪問をめぐって、意向を聞いている発話である。

（8）그 문제를 부장님께서 거래처에
geu munjeleul bujangnimkkeseo geolaecheo-e　その問題を部長が取引先に
(g)　여쭙겠습니까?　yeojjubgess-seubnikka　お伺いになりますか。
(g’)여쭙겠어요?　yeojjubgess-eo-yo　お伺いになりますか。
(h)　여쭙습니까?　yeojjubseubnikka　お伺いになりますか。
(h’)여쭈어요?　yeojju-eo-yo　お伺いになりますか。
(i)　여쭐 겁니까?　yeojjul geobnikka　お伺いになりますか。
(i’)여쭐 거예요?　yeojjulgeo-e-yo　お伺いになりますか。

日韓の敬語は類似しているものの、異なることも多い。使われる場面、その対象などがそれである。したがって、韓国語の敬語の日本語訳にはその正確さが表現できないことが多い。（８）では高めたい相手(聞き手・部長)の動作について尋ねているため、日本語では尊敬語を使用し、「お聞きになりますか」となるべきところだろうが、韓国語では「謙譲用言」を使用し、話し手側（課長）がへりくだっていることを表現する。そのため、上記のような日本語訳にしてある。（８）における対話は、いずれも「謙譲用言」の「여쭙다 yeojjubda、여쭈다 yeojjuda」(伺う)を使っているので、謙譲の意味合いが含まれている。ここで「－겠－gess」の意味機能であるが、(h)(h’)は現在ないし現在進行を表している一方、(g)(g’)や(i)(i’)には、まだ実現していない未来の意味合いがある。(g)～(i’)においては、時制はともかく、いずれも部下社員である課長が、上司の部長に対して、取引先に伺うかどうかの意志を尋ねている未来のニュアンスである。そして、(g)(i)・(g’)(i’)はほぼ同じ意味であるが、しかし両者の差は(i)よりは(g)、(i’)よりは(g’)における謙譲の度合いが強いという点である。つまり、「謙譲用言」に付く「－겠－gess」に「強化機能」があると考えられる。

＜一般用言＋「－겠－gess」＞

●場面：職場の先輩（聞き手）と一緒に食堂に行って、後輩（話し手）が注文するに当たって交わす対話である。

（9）선배님은　　seonbaenim-eun　　先輩は

(j)　뭘 먹겠습니까?　mwol meoggess-seubnikka　何を食べますか。
(j')뭘 먹겠어요?　mwol meoggess-eo-yo　何を食べますか。
(k)　뭘 먹습니까?　mwol meogseubnikka　何を食べますか。
(k')뭘 먹어요?　mwol meog-eo-yo　何を食べますか。
(l)　뭘 먹을 겁니까?　mwol meog-eul geobnikka　何を食べますか。
(l')뭘 먹을 거예요?　mwol meog-eul geo-ye-yo?　何を食べますか。

（9）の発話における先輩は目上ではあるものの、歳や職場における地位がそんなに離れていないので、(j)～(l')までのいずれの対話も成立する。しかし、注文する場において(k)(k')は、あまり使わない表現である。そのニュアンスは先輩が今、何かを食べているのを聞くときに相応しい発話である。なお、(j)(j')における「－겠－gess」は未来や謙譲を表し、そして(l)(l')は(j)(j')とほぼ同じ意味である。したがって、(j)(j')における「－겠－gess」の意味機能は、意向を尋ねるものであると考える。

＜一般用言＋「－시－si」＋「－겠－gess」＞

●場面：中年の兄弟の会話で、ある仕事を誰がやるかについて弟（話し手）が兄（聞き手）に発する表現である。

(10) 그 일은　　geu il-eun　　その件は

(a)　형님께서 하시겠습니까?　hyeongnimkkeseo hasigess-seubnikka
お兄さんがなさいますか。
(a')형님께서 하시겠어요?　hyeongnimkkeseo hasigess-eo-yo
お兄さんがなさいますか。
(b)　형님께서 하십니까?　hyeongnimkkeseo hasibnikka
お兄さんがなさいますか。
(b')형님께서 하세요?　hyeongnimkkeseo　hase-yo
お兄さんがなさいますか。
(c)　형님께서 하실 겁니까?　hyeongnimkkeseo hasil geobnikka
お兄さんがされますか。
(c')형님께서 하실 거예요?　hyeongnimkkeseo　hasil geo-ye-yo
お兄さんがされますか。

(10) は、兄に対する発話として成り立つ内容である。(a)(a')・(b)(b')は、慎みながら目上の兄に対して尊敬を表している表現と言えよう。この発

話における「－겠－gess」の意味機能は、（7）における分析と同じであると考えて差し支えないだろう。だがここで、さらに＜一般用言＋「－시－si」＋「－겠－gess」＞における「－겠－gess」の意味機能に関する分析をしてみることにする。次の(a)「하시겠습니까? hasigess-seubnikka」、(c)「하실 겁니까? hasil geobnikka」、例（1）と（17）の(j)「하겠습니까? hagess-seubnikka」の用言は、いずれも実現されていないという点で共通しており、これから実現していくという未来の意味合いがある。中でも(a)(c)は尊敬、そして(j)には謙譲の意味合いがある。では、(a)の「－겠－gess」も謙譲なのか。これは、すでに述べてきたように２人称主語に関わる事柄の用言なので、謙譲とするのは相応しくない。ここでも今までは、誰も注目してこなかった意味機能があると考えられる。(a)の「－겠－gess」には尊敬・未来に加えて、隠れている意味機能、尊敬を強める「強化機能」が存在するのである。要するに、(a)の「－겠－gess」には尊敬・未来・強化機能、(c)の表現には尊敬・未来、(j)の「－겠－gess」には未来・謙譲の意味機能がある。

ここからは、２人称主語の用言に過去時制を加えて、「－겠－gess」の意味機能を考察することにする。

＜一般用言＋過去「－었－eoss/－았－ass」＋「－겠－gess」＞

●場面：母（聞き手）が大学生の子供（話し手）にお菓子を買ってきた場面で、母がお菓子を買ってきたことに関する子供の話である。

(11) 어머니가 과자를　eomeoniga gwajaleul　母がお菓子を

(J)　#많이 샀겠습니까?　manh-i sassgess-seubnikka
たくさん買ったでしょうか。

(J')　#많이 샀겠어요?　manh-i sassgess-eo-yo
たくさん買ったでしょうか。

(K)　많이 샀습니까?　manh-i sass-seubnikka
たくさん買いましたか。

(K')　많이 샀어요?　manh-i sass-eo-yo
たくさん買いましたか。

(L)　*많이 샀을 겁니까?　manh-i sass-eul geobnikka
たくさん買ったでしょうか。

(L')　*많이 샀을 거에요?　manh-i sass-eul geo-e-yo
たくさん買ったでしょうか。

(11)は話し手である子供が、買い物に行ってきた聞き手の母との対話で、

この場面では一般的に(K)(K’)がよく使われる表現である。(J)(J’)は、上記の場面では「不適格文」であるが、聞き手である２人称主語の行動を推測している意味が強く、この疑問文の場合は反語に近い。一方、(L)（L’）も使う場面が限定的で、場面では不自然なため「非文」である。もし（L）（L’）が平叙文であれば、「－겠－gess」は推測の意味機能を持つ発話である。

＜一般用言＋「－시－si」＋過去「－었－eoss /－았－ass」＋「－겠－gess」＞

●場面：孫（話し手）が、みかんを買いに行ってきた祖母（聞き手）の紙袋を見て発した表現である。

(12) 종이 봉지를 보니까, 할머니께서 귤을
jong-i bongjileul bonikka halmeonikkeseo gyul-eul
紙袋をみると、お祖母さんは蜜柑を

(A)　많이 사셨겠습니다.　sasyeossgess-seubnida
たくさんお買いになったでしょう。

(A’) 많이 사셨겠어요.　sasyeossgess-eo-yo
たくさんお買いになったでしょう。

(B) ＃많이 사셨습니다.　sasyeoss-seubnida
たくさんお買いになりました。

(B’)＃많이 사셨어요.　sasyeoss-eo-yo
たくさんお買いになりました。

(C)　＃많이 사셨을 겁니다.　sasyeoss-eul geobnida
たくさんお買いになったでしょう。

(C’)＃많이 사셨을 거예요.　sasyeoss-eul geo-ye-yo
たくさんお買いになったでしょう。

(12) の発話における「－겠－gess」の意味機能は、疑問文なら（11）とほぼ同じであるが、平叙文であるためそのニュアンスは変わる。(A)(A’)・(C)(C’)は、中身は見ないで紙袋だけを見て、その中身の量は見ていない発話で、この「－겠－gess」の意味機能は推測・推量と考えられる。しかし、(C)(C’)は聞き手が同席していないようなニュアンスが強く、「不適格文」である。そこで、聞き手（２人称）への尊敬に加えた「－겠－gess」であっても、過去形と結合した場合は、推測・推量だけの意味になることである。一方、(B)(B’)は、紙袋の中にある蜜柑を見て発しており、この文脈では「不適格文」である。したがって、紙袋をみて確認した上で発話しているため、現実化されたニュアンスの対話である。

＜尊敬用言＋過去「－었－eoss / －았－ass」＋「－겠－gess」＞

●場面：毎日よく眠れない夫（聞き手）が酒を飲んで寝た翌朝、妻（話し手）が発した表現である。

(13) 당신, 어젯밤은 잘　dangsin eojesbam-eun jal　あなた、昨日はよく
(A)　주무셨겠습니다.　jumusyeossgess-seubnida　お休みなったでしょう。
(A’)　주무셨겠어요.　jumusyeossgess-eo-yo　お休みになったでしょう。
(B)　#주무셨습니다.　jumusyeoss-seubnida　お休みになりました。
(B’)　#주무셨어요.　jumusyeoss-eo-yo　お休みになりました。
(C)　주무셨을 겁니다.　jumusyeoss-eul geobnida　お休みになったでしょう。
(C’)　주무셨을 거예요.　jumusyeoss-eul geo-ye-yo　お休みになったでしょう。

（13）の発話は、（12）とほぼ同じ用言の使い方であるが、（12）は＜一般用言＋「－시－si」＋過去＋「－겠－gess」＞であるのに対し、（13）は＜尊敬用言＋過去＋「－겠－gess」＞である。(A)(A’)の場合は、妻が夫に対して、熟睡したと推量し、かつ断定的に言っている。したがって、(A)(A’)における「－겠－gess」の意味機能は推量である。一方、(B)(B’)はこの場面では不自然なため「不適格文」である。但し、疑問文なら２人称主語の状況を聞く発話になる。ところで、(C)(C’)は(A)(A’)と同様によく眠れただろうと推量して語っている表現ではあるが、「－겠－gess」が添加された(A)(A’)のほうが(C)(C’)に比べ、強い推量の意味合いを持つと考えられる。

このように、聞き手について表す２人称主語の発話に「－겠－gess」を付けたとき、この「－겠－gess」が「強化機能」を果たす場合というのは、「尊敬用言」・一般用言に「－시－si」、そして「－겠－gess」を加えた疑問文、さらに「謙譲用言」に「－겠－gess」を付けた疑問文の発話のときであると言える。そして過去形の平叙文・過去形の疑問文では、２人称主語の発話に「－겠－gess」を付けても、推測・推量の意味機能しか確認できないのである。

５．３人称主語における「－겠－gess」の機能

本稿の３人称主語における「－겠－gess」の機能については、目下の話し手（１人称）が目上の聞き手（２人称）に伝える場面に限って見ていく。但し、３人称主語の内容については、「聞き手より目上」、「聞き手より目下」、「生物・無生物」に分けて分析を行う。例文のパターンは、前章の２人称主

語における分類に基づいて、様々な場面を想定した発話をもって「－겠－gess」の意味機能を考察する。

５－１．３人称主語が聞き手より目上

話し手が目上の聞き手（２人称）に対して、聞き手にとってもさらに目上の３人称主語を想定した発話をする場合について、対話の場に３人称主語が臨場しているケースと、していないケースに分けて分析を行う。

＜尊敬用言＋「－겠－gess」＞

●場面：話し手の子供（１人称）が映画を見に行った祖父のことを、聞き手の母（２人称）に話している。

(14) 할아버지께서는, 지금쯤 영화를
hal-abeojikkeseoneun jigeumjjeum yeonghwaleul
お祖父さんは、今頃映画を

(a)　보고 계시겠습니다.　bogo gyesigess-seubnida
観ていらっしゃるでしょう。

(a’)　보고 계시겠어요.　bogo gyesigess-eo-yo
観ていらっしゃるでしょう。

(b)　#보고 계십니다.　bogo gyesibnida
観ていらっしゃいます。

(b’)　#보고 계세요.　bogo gyese-yo
観ていらっしゃいます。

(c)　보고 계실 겁니다.　bogo gyesil-eul geobnida
観ていらっしゃるでしょう。

(c’)　보고 계실 거예요.　bogo gyesil geo-ye-yo
観ていらっしゃるでしょう。

(14) における(a)(a’)・(c)(c’)は、話し手である子供が、映画を見ている現場に立ち会わず、推測・推量しているケースである。２人称の聞き手(母)に話し手の子供が、３人称主語の祖父について、「祖父が映画を見ているかどうか」確認はしていないが「恐らく祖父は今頃映画を見ているだろう」と推量している発話である。(c)(c’)も(a)(a’)と同じく推測・推量ではあるが、(a)(a’)のほうが断定的なニュアンスである。一方、(b)(b’)は、祖父が今映画を見ていることを実際に確認した上で、映画を今見ていると話している「不適格文」である。したがって、(a)(a’)における「－겠－gess」

には尊敬の強化機能は見られず、推測・推量の意味のみがあると考えられる。その理由は、３人称主語が同席していないからである。

＜一般用言＋「－겠－gess」＞

●場面：話し手の司会者（１人称）が聞き手の学生（２人称）に対して、総長（３人称主語）がスピーチを行うことを、紹介することばである。

(15) 다음은 총장님께서　da-eum-eun chongjangnimkkeseo　次は総長が

(a)　말씀해 주시겠습니다.　malsseumhae jusigess-seubnida
お話をしてくださいます。

(a')　말씀해 주시겠어요.　malsseumhae jusigess-eo-yo
お話をしてくださいます。

(b)　말씀해 주십니다.　malsseumhae jusibnida
お話をしてくださいます。

(b')　말씀해 주세요.　malsseumhae juse-yo
お話をしてくださいます。

(c)　말씀해 주실 겁니다.　malsseumhae jusil geobnida
お話をしてくださいます。

(c')　말씀해 주실 거예요.　malsseumhae jusil geo-ye-yo
お話をしてくださいます。

(15) は (14) と同じく３人称主語が聞き手（２人称）より目上の人である。しかし、両者が異なるのは、(15) は３人称主語が話し手や聞き手と一緒に同席していることである。そのため一般的にこの場面で使う表現は(a)(a')であるが、場合によっては(c)(c')も使うことは可能である。但し、敬語の度合いが(a)よりは低い。

また、(14)の(a)(a')と(c)(c')のニュアンスが違うのは、３人称主語が同席しているかいないかが原因であるが、一方(15)の(a)(a')は(c)(c')と置き換えても違和感はなく、敬語の程度が少し異なるだけである。つまり、３人称主語に「－겠－gess」を付けた発話において、３人称主語が臨場している場合は強化機能が見られ、同席していない場合は断定的な推量の機能のみが見られると言える。

＜謙譲用言＋「－겠－gess」＞

●場面：父（３人称主語）が客を家に案内してくることについて、子供（話し手）が母（聞き手）と話している。

(16) 아버지가 손님을 집으로 abeojiga sonnim-eul jib-eulo

父がお客さんを家に

(g)　#모시겠습니다.　msigess-seubnida　ご案内します(ご案内いたします)。
(g’)#모시겠어요.　mosigess-eo-yo　ご案内します(ご案内いたします)。
(h)　모십니다.　mosibnida　ご案内します。
(h’)　모셔요.　mose-yo　ご案内します。
(i)　모실 겁니다.　mosil geobnida　ご案内します。
(i’)　모실 거예요.　mosil geo-ye-yo　ご案内します。

(16) における発話は、父がお客さんを自宅に案内する役割であり、３人称主語（父）は臨場していない場合である。いずれの発話もこれからお客さんを案内するわけであるが、この場面において(g)(g’)は違和感があり「不適格文」である。この場面においては(h)(h’)がよりナチュラルな表現である。(g)(g’)における「－겠－gess」は、予定・未来であり、(h)(h’)・(i)(i’)と比較すると、(h)(h’)・(i)(i’)はこれから案内する、つまり案内を現実化するという意味合いである。

＜一般用言＋「－겠－gess」＞

●場面：話し手の私（１人称）が聞き手の先輩（２人称）に同級生の友人である木村（３人称主語）を話題にして話している。

(17) 기무라가 그런 일을　gimulaga geuleon il-eul　木村がそんなことを
(j)　하겠습니까?　hagess-seubnikka　するんでしょうか。
(j’)　하겠어요?　hagess-eo-yo　するんでしょうか。
(k)　합니까?　habnikka　しますか。
(k’)　해요?　hae-yo　しますか。
(l)　#할 겁니까?　hal geobnikka　するんですか。
(l’)#할 거예요?　hal geo-ye-yo　するんですか。

(17) の(j)(j’)は３人称主語が同席しておらず、「－겠－gess」は推量の意味である。つまり、(j)(j’)は木村が同席していない場面で、話し手が「木村がそんなことをするのでしょうか」という半信半疑の話である。さらに言えば、「まさか、木村がそんなことをするはずがない」ということで、この「-겠-gess」は話し手の強い推測を表していると考えられる。一方、(k)(k’)は「木村がそんなことしますか」という、既に決まっている事柄に対して問い直すニュアンスである。ここで、(j)(j’)と(l)(l’)を比べると、ニュアンスの差があり、その意味機能も異なる。分析したように(j)(j’)は推量であるが、(l)(l’)は「木村がそんなことをするんですか」という、未来・

予定の意味合いが強く現れている。ただ、この場面の(1)(1')は対話として相応しくないため「不適格文」になる。

＜謙譲用言＋過去＋「－겠－gess」＞

●場面：会議中、話し手の社員（１人称）が聞き手の部長（２人称）に話題の社長・会長（３人称）について話しをしている。

(18) 아마 어제쯤 사장님은 회장님을

ama eojejjeum sajangnim-eun hoejangnim-eul　恐らく昨日社長は会長に

(G)　찾아뵈었겠습니다.　chaj-aboe-eossgess-seubnida
お目にかかれたでしょう。

(G')　찾아뵈었겠어요.　chaj-aboe-eossgess-eo-yo
お目にかかれたでしょう。

(H)　#찾아뵈었습니다.　chaj-aboe-eoss-seubnida
お目にかかりました。

(H')　#찾아뵈었어요.　chaj-aboe-eoss-eo-yo
お目にかかりました。

(1)　찾아뵈었을 겁니다.　chaj-aboe-eoss-eul geobnida
お目にかかれたことでしょう。

(I')　찾아뵈었을 거예요.　chaj-aboe-eoss-eul geo-ye-yo
お目にかかれたことでしょう。

(18)の(G)(G')は、社長・会長が同席していない場面で、話し手の社員が聞き手の部長の前で社長の行動に関する推測・推量をしている。同じ場面で推測の発話としては、「－겠－gess」を付けない(I)(I')も使うことができる。このことから(G)(G')の「－겠－gess」は推測の意味機能しか果たしていないと考えられる。一方、(H)(H')は社長が会長に会ったのが確かな場合の発話である。つまり、話し手の社員（１人称）は、話題の社長（３人称主語）について会長に会ったという確かな情報をもとに、聞き手の部長に話す発話である。しかし、この場面での(H)(H')は、「不適格文」である。

＜一般用言＋「－시－si」＋「－겠－gess」＞

●場面：旅行から帰ってきた祖父のことを話題にして、子供（話し手）が父（聞き手）に話しかけた場面である。

(19) 할아버지는 긴 여행에 무척이나

hal-abeojineun gin yeohaeng-e mucheog-ina　おじいさんは長旅で大変

(a)　피곤하시겠습니다.　pigonhasigess-seubnida　お疲れでしょう。

(a')　피곤하시겠어요.　pigonhasigess-eo-yo　お疲れでしょう。

(b)　＃피곤하십니다.　pigonhasibnida　お疲れです

(b’)＃피곤하세요.　pigonhase-yo　お疲れです。

(c)　피곤하실 겁니다.　pigonhasil geobnida　お疲れでしょう。

(c’)　피곤하실 거예요.　pigonhasil geo-ye-yo　お疲れでしょう。

(19) の(a)～(c’)の対話の場面は、３人称主語（祖父）の同席や不同席に関わらず成り立つ発話であるが、ニュアンスには差がある。ここで、３人称主語が同席していても(a)(a’)・(c)(c’)の対話は成立する。また、「－겠－gess」の付いた(a)(a’)は、(c)(c’)に言い換えることができる。しかし、(a)(a’)を(c)(c’)に替えて、長旅から帰ってきた祖父の疲れを推察・推測することができる尊敬を表しても、両者の尊敬にはその度合いが違う。つまり、(a)(a’)が(c)(c’)より尊敬の度合いが強い。このことから、(a)(a’)の「－겠－gess」は尊敬の「－시－si」を強める「強化機能」を果たしていると考えられる。一方、(b)(b’)は祖父の疲れた様子を直接確かめた場合の表現であり、この場面では「不適格文」になる。

＜一般用言＋「－시－si」＋過去＋「－겠－gess」＞

●場面：話し手の私（１人称）が聞き手の叔母（２人称）に叔父（３人称）を話題に話をしている。

(20) 삼촌이 그런말을　samchon-i geuleonmal-eul　叔父がそんな話を

(A)　하셨겠습니까?　hasyeossgess-seubnikka　なさったんでしょうか。

(A’)하셨겠어요?　hasyeossgess-eo-yo　なさったんでしょうか。

(B)　하셨습니까?　hasyeoss-seubnikka　なさいましたか。

(B’)하셨어요?　hasyeoss-eo-yo　なさいましたか。

(C)　*하셨을 겁니까?　hasyeoss-eul geobnika　なさったんでしょうか。

(C’)*하셨을 거예요?　hasyeoss-eul geo-ye-yo　なさったんでしょうか。

(20) の対話の場面は３人称主語が同席していない意味合いが強い。そこで、過去形を加えた(A)(A’)は「叔父はそんなことを言うはずがない」という強い反語の表現である。また、過去形に「－겠－gess」を付けている場合は、強い推測の意味合いもある。一方、(B)(B’)は「叔父がそういうことをした」かどうかという、事実の確認をするようなニュアンスである。ところで、(C)(C’)は疑問文としては不自然であるため「非文」である。しかし、平叙文ならよく使われる表現で推測・推量の意味合いである。

＜一般用言＋過去＋「－겠－gess」＞

●場面：話し手の私（１人称）が聞き手の父（２人称）に兄（３人称主語）を話題にして話をしている。

(21) 형님이 그런 나쁜 일을　hyeongnim-i geuleon nappeun il-eul

兄がそんな悪いことを

(J)	했겠습니까?	haessgess-seubnikka	したのでしょうか。
(J’)	했겠어요?	haessgess-eo-yo	したんでしょうか。
(K)	했습니까?	haess-seubnikka	しましたか。
(K’)	했어요?	haess-eo-yo	しましたか。
(L)	*했을 겁니까?	haess-eul geobnikka	したんでしょうか。
(L’)	*했을 거예요?	haess-eul geo-ye-yo	したんでしょうか。

(21) の対話も (19) (20) とほぼ同じ表現であり、３人称主語が同席していない場面である。(21) の対話に３人称主語が同席しているなら、(K) (K’) 以外の表現は不自然である。不同席の場合、(J) (J’) の「－겠－gess」は反語ないし推測・推量のニュアンスであり、(K) (K’) は同席している３人称主語の行動を聞き手（２人称）に問い直す意味合いである。ところで、平叙文なら３人称主語が同席していても、(J) ～ (L’) の発話は違和感なく使えるが、この場面の (L) (L’) は「非文」である。

５－２．３人称主語が聞き手より目下

話し手（１人称）が目上の聞き手（２人称）に対して、３人称を主語に発話する場合を想定して分析する。ところで、韓国語は「絶対敬語」ではあるが、話し手（１人称）より３人称主語が目上であっても、聞き手（２人称）が３人称主語より目上の場合、話し手は、３人称主語に対して敬語は使わない。

＜一般用言＋「－겠－gess」＞

●場面：新参社員である司会者（１人称）の話し手が、課長（３人称主語）が同席している場で、誕生日を迎えた聞き手の社長（２人称）に話をしている。

(22) 과장님이 사장님께　gwajangnim-i sajangnimkke　課長が社長に

(j)　꽃다발을 전하겠습니다.

kkochdabal-eul jeonhagess-seubnida　花束を渡します。

(j’)　꽃다발을 전하겠어요.

kkochdabal-eul jeonhagess-eo-yo　花束を渡します。

(k)　꽃다발을 전합니다.
kkochdabal-eul jeonhabnida　　　花束を渡します。

(k’)　꽃다발을 전해요.
kkochdabal-eul jeonhae-yo　　　花束を渡します。

(l)　#꽃다발을 전할 겁니다.
kkochdabal-eul jeonhal geobnida　　　花束を渡すと思います。

(l’)#꽃다발을 전할 거예요.
kkochdabal-eu jeonhal geo-ye-yo　　　花束を渡すと思います。

(22) の(j)～(l’)は、３人称主語の課長の同席の有無に関わらず使える発話である。但し、この場面では(l)(l’)が不自然であるため、「不適格文」になる。社長の誕生日祝いで、まだ花束を渡していなくて、これから手渡す場面では、(j)(j’)が相応しい。今、花束を渡す瞬間であれば、(k)(k’)がニュアンス的に適切である。ところで(l)(l’)は、まだ花束を渡していない状態としては(j)(j’)と同じであるが、これから花束を渡すタイム･スパン、つまり渡す動作が発生するまで少なくとも数分無いし数時間はかかる時間を要する時に使う対話である。仮に社長の誕生日が今日以降であっても(j)(j’)と(l)(l’)の発話は適切である。こう考えた場合、(j)(j’)における「-겠-gess」には未来・意志・謙譲の意味機能があると考えられる。

＜一般用言＋過去＋「－겠－gess」＞

●場面：話し手の私（１人称）が聞き手の父（２人称）に、姉（３人称主語）のことを話題に話をしている。

(23) 어제 언니가 명동에서 쇼핑을
eoje eonniga myeongdong-eseo syoping-eul　昨日、明洞で姉が買い物を
(J)　했겠습니다.　haessgess-seubnida　したでしょう。
(J’)　했겠어요.　haessgess-eo-yo　したでしょう。
(K)　했습니다.　haess-seubnida　しました。
(K’)　했어요.　haess-eo-yo　しました。
(L)　했을 겁니다.　haess-eul geobnida　したでしょう。
(L’)　했을 거예요.　haess-eul geo-ye-yo　したでしょう。

(23) では、姉（３人称主語）の同席の有無によって使う表現が異なる。つまり、(J)(J’)は３人称主語が同席していると不自然な発話である。同席していない場合は３人称主語の行動に対する断定的な推測になろう。そして(L)(L’)は、「姉がショッピングをしただろう」という推測であるが、３人

称の同席有無に関わらず使う推測である。一方、(K)(K’)は推測ではなく、姉が買い物をした事実を確認した発話である。

＜謙譲用言＋過去＋「－겠－gess」＞

●場面：話し手の私（１人称）が聞き手の会長（２人称）に、部長（３人称主語）のことについて話をしている。

(24) 지난주에 부장님이 회장님을

jinanju-e bujangnim-i hoejangnim-eul　先週、部長が会長に

(G)　찾아뵈었겠습니다.

chaj-aboe-eossgess-seubnida　お目にかかったと思います。

(G’)　찾아뵈었겠어요.

chaj-aboe-eossgess-eo-yo　お目にかかったと思います。

(H)　＃찾아뵈었습니다.

chaj-aboe-eoss-seubnida　お目にかかりました。

(H’)＃찾아뵈었어요.

chaj-aboe-eoss-eo-yo　お目にかかりました。

(I)　찾아뵈었을 겁니다.

chaj-aboe-eoss-eul geobnida　お目にかかったと思います。

(I’)　찾아뵈었을 거예요.

chaj-aboe-eoss-eul geo-ye-yo　お目にかかったと思います。

(24) の(G)(G’)は３人称主語の部長が同席していない場面で、「謙譲用言」に過去形、そして「－겠－gess」を使った断定的な推測・推量である。ここで、聞き手の会長（２人称）は、部長（３人称主語）より目上であるため、部長に対して謙譲用言を使っている。ところで、(I)(I’)も推測・推量ではあるが、その度合いが(G)(G’)よりは弱く、断定的ではない。一方、(H)(H’)は推測ではなく、「部長が会長にお目にかかった」という確認事実を伝える発話であるが、この場面では相応しくない「不適格文」である。

５－３．３人称主語が生物・無生物

３人称の生物・無生物を主語にして、話し手（１人称）が目上の聞き手（２人称）に話す場合を分析する。

＜一般用言＋「－겠－gess」＞

●場面：聞き手の父（２人称）と同行した中年の話し手の子供（１人称）が駅の構内で間もなく電車（３人称主語）が到着する表示をみて父に話をしている。

(25) 서울행 열차가　seo-ulhaeng yeolchaga　ソウル行きの列車が
(j)　곧 도착하겠습니다.　god dochaghagess-seubnida　間もなく到着します。
(j')곧 도착하겠어요.　god dochaghagess-eo-yo　間もなく到着します。
(k)　곧 도착합니다.　god dochaghabnid　間もなく到着します。
(k')곧 도착해요.　god dochaghae-yo　間もなく到着します。
(l)　곧 도착할 겁니다.　god dochaghal geobnida　間もなく到着します。
(l')곧 도착할 거예요.　god dochaghal geo-ye-yo　間もなく到着します。

(25) の(j)(j')は、駅の構内でよく耳にする言葉である。一般的には駅員が乗車客に伝えるアナウンスであり、聞き手が不特定多数の場合における表現である。しかし、親子の対話であっても場面によっては、(j)(j')も使える表現である。例えば、子供が「기적이 울리는 걸 보니까 gijeog-i ulli neun geol bonikka」(汽笛が鳴っていることから)、「서울행 열차가 곧 도착하겠습니다/곧 도착하겠어요 seo-ulhaeng yeolchaga god dochaghagess-seubnida/god dochaghagess-eo-yo」（ソウル行きの列車が間もなく到着するでしょう）という時には的確な発話である。この時の「－겠－gess」は、推量・推測の意味機能を果たしている。なお、(k)(k')・(l)(l')も、この場面では違和感なく、使える対話である。

最近、韓国では生物・無生物の主語に対して「－시－si」や「－겠－gess」を付ける発話を耳にすることが多い。ことに、百貨店や売店などで交わされる会話の中で、店員が「13万ウォンになります」という意味の韓国語を次のように話す。「13 만원이 되시겠습니다 13man-won-i doesigess-seubnida」（直訳：13万ウォンになられます）である。この韓国語の表現は国語文法として習う規範からは外れているものの、現代韓国社会ではこのような表現が徐々に増えている。

＜一般用言＋過去＋「－겠－gess」＞

●場面：北海道に雪が降ったという気象情報を見た話し手の私（1人称）が聞き手の母（2人称）に雪（3人称主語）を話題に話をしている。

(26) 홋카이도에는　hoska-ido-eneun　北海道には
(J)　#눈이 왔겠습니다.　nun-i wassgess-seubnida　雪が降ったでしょう。
(J')#눈이 왔겠어요.　nun-i wassgess-eo-yo　雪が降ったでしょう。
(K)　눈이 왔습니다.　nun-i wass-seubnida　雪が降りました。
(K')　눈이 왔어요.　nun-i wass-eo-yo　雪が降りました。
(L)　#눈이 왔을 겁니다.　nun-i wass-eul geobnida　雪が降ったでしょう。

(L’) #눈이 왔을 거예요.　nun-i wass-eul geo-ye-yo　雪が降ったでしょう。

(26) の場面は、北海道に雪が降ったという気象情報を見て話をしているので、(K)(K’)は雪が降った事実を伝える適切な対話である。(J)(J’)・(L)(L’)は気象情報を見ていない場合の言い回しであり、ここでは「不適格文」である。しかし、気象情報をみていない時、過去形と「－겠－gess」が結合した(J)(J’)は(L)(L’)よりも一層、推測の度合いが強い。

このように、話し手（１人称）が目上の聞き手（２人称）に伝える話題が３人称主語の場合、３人称主語が同席していると「－겠－gess」は「－시－si」に対する「強化機能」を持つ。一方、同席していない場合、「－겠－gess」の強化機能は確認されず、推測・推量の意味機能が見られる。また、３人称主語における「－겠－gess」は推測・推量が多く、ことに過去形と結合した場合は、その推測の度合いが強い。

６．おわりに

以上、日常生活の中で交わされる会話の中で、「－겠－gess」の付く発話を中心にその意味機能を考察した。先行研究において明らかになってきた様々な「－겠－gess」の意味機能を踏まえて、次のような条件のもとで用言に「－겠－gess」をつけて分析を行った。

対話における話し手と聞き手の関係は、話し手が「－ㅂ니다－bnida/－습니다－seubnida」(格式体)、「－아요－ayo/－어요-eoyo」(非格式体)、「－십니다－sibnida/－으십니다－eusibnida」（格式体）、－세요－se－yo/－으세요－euse－yo」（非格式体）を使う間柄、つまり聞き手が目上で話し手が目下である場合に絞っている。従来、聞き手（２人称主語）の意向や現在の状況を尋ねる疑問文に使われる「－겠－gess」について、全恵英(1995)は「謙譲」・「謙遜」、そして張京姫(1985)は「特殊用法」と位置づけてきた。しかし、２人称主語だけではなく、１人称主語、さらに３人称主語の対話に使われる「－겠－gess」まで分析範囲を広げ、１人称主語、２人称主語、３人称主語の発話の順に検討した。その結果、以下の「－겠－gess」の意味機能を確認することができた。

まず、話し手（１人称）が１人称主語、つまり話し手自身の話を聞き手（２人称）にする時、「謙譲用言」に「－겠－gess」を加えた場合、謙譲をさら

に強める「強化機能」が見られた。このケースにおける「－겠－gess」は「極謙譲」と言うことができる。

次に、話し手が２人称（聞き手）を主語にして発話する時、「尊敬用言」・「一般用言＋(－시－si)」に「－겠－gess」を付けると、「－겠－gess」は「尊敬用言」や一般用言の尊敬の度合いを強める「強化機能」があると分かった。この場合、「－겠－gess」の意味機能は「極尊敬」[10] と名付けることができるだろう。

最後に、話し手（１人称）が聞き手（２人称）に対し、３人称主語の話題を発話する際、３人称主語が同席している場合の「尊敬用言」・「一般用言＋(－시－si)」に「－겠－gess」を付けたら尊敬を一層強める「強化機能」が見られ、一方、同席していないケースにおける３人称主語の「－겠－gess」は、推測・推量の意味機能しかないと分かった。

要するに、「－겠－gess」は敬語を強める、つまり敬語をサポートする機能を果している。特に、「－겠－gess」が平叙文の過去形と結合した場合は推測の度合いが強く、疑問文では反語のニュアンスがある。

注

（1）韓国語のローマ字表記は、「国語의 로마字 表記法」『文化観光部告示』第2000-8号（2000年7月7日）に準ずる。

（2）韓国の先行研究において明らかになってきた「－겠－gess」に関する意味機能を整理したのが、次の（表1）である。

（表1）先行研究における「－겠－gess」の意味機能

研究者	時期	意味機能	文献
崔鉉培	1937	可能、推量	『우리말본』第14版（1987）、正音文化社、 韓国
羅鎮錫	1953	推量、推断、確信	「未來時相　補幹‘리’와‘겠’의 交替」 『國語國文學』第6巻、国語文学会、韓国
南基心	1972	未確認	「현대 국어 시제에 관한 문제」『國語國 文學』第55-57合併号、南基心外（1975） 『現代国語文法』再録、啓明大出版部、韓国
徐正洙	1977	推量、意志	「‘-겠’에 관하여」『말』第2輯、延世 大学校、韓国
成耆徹	1979	経験に対する推 定的判断	「경험과 추정」『文法研究』第4輯、文法 研究会、韓国
金次均	1981	不確実、未確定	「‘을’과‘겠’의 의미」『한글』第173・ 174号、한글학회、韓国
朴英順	1985	未知、話者の意志	『韓国語通史論』集文堂、韓国
張京姫	1985	結果、推定	『한국어의 양태 범주 연구』塔出版社、韓国
ﾊﾟｸ・ｵｸｽｸ (박옥숙)	1987	不確実性、任意的 推量	「임의적 불확실성과 화자의 주관적 선택: ‘겠의화용론」『한글』第198号，한글학회， 韓国
ﾊﾟｸｸﾞﾉ (박근호)	1990	推定、意図	「선어말 어미‘-겠’에 대한 연구」慶北大 学校碩士論文、韓国
ｲﾑ・ﾁﾙｿﾝ (임칠성)	1991	非推定	「비확정 서술의‘-겠’에 대하여」『国語 国文学』第105号、国語国文学会、韓国
全恵英	1995	恭遜、未確定、推 量、意図	「한국어 공손현상과‘-겠’의 화용론」 『國語學』第26輯、国語学会、韓国
ｲﾑ・ﾄﾞﾝﾌﾝ (임동훈)	2001	嘘・偽り、意図	「‘-겠’의 용법과 그 역사적 해석」『國 語學』第37輯、国語学会、韓国
ｲ・ﾁｬﾝｷﾞｭ (이찬규)	2006	可能、推量	「‘-겠’의 原型 意味 考察」『語文論集』 第37輯、民族語文学会、韓国

さらに、日本において「－겠－gess」の活用事例を研究した油谷幸利（2005）は、『実用韓国語』（白水社）86-88頁で「－겠－gess」は次の①②③の意味機能があるとしている。①1人称主語平叙文の場合、動作動詞は話し手の意志、非動作動詞は話し手の主観的

な推量である。②２人称主語が疑問文の場合は、聞き手の意向や現在の状況を尋ねる。③３人称主語における平常文・疑問文は、話し手の主観的な推量を表す。

ところで、*THE 21ST CENTURY Korean-English Dictionary*（図書出版 한세본、2005、韓国）「－겠－gess」の項目では、修辞疑問（反語文）で強調（emphasis）の意を表すとする。例えば、以下の通りである。これは関西大学の熊谷泰明教授からご教示をいただいた。

@그가 친절하다는 뜻 아니겠어요?

geuga chinjeolhadaneun tteus anigesseoyo（彼が親切だという意味じゃないですか）

@똑똑하기만 하다고 훌륭한 사람이 되겠는가?

ttogttoghagiman hadago hullyunghan salami doegessneunga

（賢いだけで立派な人になるのか）

@그가 갑자기 나타나지 않(았)겠어?

geuga gabjagi natanaji anh(ass)gesseo（彼が突然現れたんじゃ）

@그가 날 사랑한다고 하지 않(았)겠어요?

geuga nal salanghandago haji anh(ass)gess-eo-yo

（彼が私を愛すると言っていたんじゃ）

（３）全恵英（1995）「한국어 공손현상과 -겠-의 화용론」（『國語』26 号、国語学会、韓国）を参照されたい。

（４）ここで、１人称主語、２人称主語、３人称主語に関する理解を助けるため、例文を取り上げることにする。

@２人称主語：（甲）찌개는 숟가락으로 드시겠습니까?

jjigaeneun sudgalageulo deusigesseubnikka

チゲはスプーンで召し上がりますか。

@１人称主語：（乙）아뇨, 젓가락으로 먹겠어요.

agneau, jeosgalageulo meoggesseoyo

いいえ、箸で食べます。

@３人称主語：서울에는 눈이 많이 왔겠어요.

seouleneun nuni manhi wassgesseoyo

ソウルでは雪がたくさん降ったことでしょう。

（５）張京姫（1985）『한국어의 양태 범주 연구』（塔出版社、韓国）を参照されたい。

（６）「－ㅂ니다－bnida/－습니다－seubnida」、「－아요－ayo/－어요-eoyo」、そして「－십니다－sibnida/－으십니다－eusibnida」、「－세요－seyo/－으세요-euseyo」という終結語尾に関して統一された用語はない。この用語の多様性については、金泰虎（2006）「日本における韓国語教育の諸問題」（『韓国語教育の理論と実際』白帝社）の45－49 頁を参照されたい。本稿では、この金泰虎(2006)の取り上げている用語の「格式体」、「非格式体」に基づいている。

（７）韓国語の尊敬は、一般的に「絶対敬語」と言われるが、それは日本語の敬語の使い方とは違って、敬語を使う第１判断基準が「話題の人が自分より目上かどうか」ということである。

（８）韓国語の指定詞である「－이다－ida」（だ、である）の前に、未来連体形の「－ㄹ－l/－을－eul」、そして不完全名詞の「－것－geos」（こと、もの、わけ、の）」をつけると、「－ㄹ－l/－을 것 입니다－eul geos ibnida（－ㄹ－l/－을 겁니다－eul geobnida）/「－ㄹ-l/－을 것 이어요－eul geos ieoyo（－ㄹ－l/－을 거예요 eul geoyeyo）」となって、未来・推量を表す。

（９）韓国語の過去形は、陽母音語幹(ㅏ a・ㅗ o)には「－았-ass」、陰母音語幹(ㅏ a・ㅗ o以外)は「－었－eoss」、「하다 hada」(する)には「－였－yeoss」を付ける。

(10) 「極尊敬」と類似している「極尊称」という用語を用いている研究がある。つまり、崔鉉培（1971）・梅田博之（1991）は、用言の待遇法を分類する中で使った用語であり、「－겠－gess」を絡ませた研究ではない。

第５章　日韓における人称詞・呼称の「あなた」と「当身」
―等称・下称・敬称を含む多義性の考察―

キーワード：あなた、当身、人称詞、呼称、等称、下称、敬称

１．はじめに

本稿は、日韓の人称詞・呼称である「あなた：貴方」と「当身：당신 dangsin」について、文脈における意味合いを含む多義性を中心に対照考察行うことを目的とする。

この「あなた」と「当身」に関する対照分析に先立って、まず人称詞や呼称、そして「あなた」と「当身」の定義を簡単、かつ明確にしておきたい。

一般的に人称詞とは、談話の中で指定された人や物をその名前でもって指すのではなく、その代わりになる名詞、つまり代名詞で表すものである。さらに、この人称詞が特定人物や物に対する名前ではないものの、呼ぶ時、その名前のような役割を果たすものが呼称と言えよう。

ところで、「あなた」に関して『広辞苑（第六版）』(2008) では、近世以前には第３者を敬って指す語、近世以降は目上や同輩である相手を敬って指していたが[(1)]、現今に至っては相手に対する敬意の度合いが減じているとしている。一方、「あなた」と類似する「あんた」に関して『日本国語大辞典（第二版）』(2003) では、現代は多くの下位者が用いており、東京では卑俗なニュアンスを伴うが、関西ではそうではなく、親愛の気持ちを伴う言い方であるとしている。

次に「当身」に関して『東亜チャム（참）国語事典（第２版）』(2011、韓国）では、①相手を称する２人称詞、②同席していない目上の人を称する３人称詞、③夫婦の間で相互を指す語としている。ヤン・ヨンヒ（양영희）(2006) によると、この「当身」は中世では３人称だったが、現代語では２人称となったとする。

これらの定義から「あなた」と「当身」における時系列に立った変化を鑑みると、近世以前の日本語、中世の韓国語においてはともに３人称であり、現代語ではどちらも主に２人称として用いられるという共通点が確認できる。さらに、日韓の現代語における「あなた」と「当身」は３人称としても使われているのである。ところで、『広辞苑（第六版）』(2008) では「あなた」に

関する敬語の側面、『日本国語大辞典（第二版）』（2003）では敬語の観点に立ちつつもフォーマルな代名詞の説明だけに終わっており、「あなた」の下称に関する言及までは至っていない。

２．「あなた」と「当身」の先行研究

２－１．「あなた」に関して

菊地康人（2000）は、「あなた」に対する待遇表現の選択の要因として大きく社会的ファクターと心理的諸ファクターに分け、さらに前者の中で人間関係における上下・立場・親疎という状況が待遇表現の選択に大きな影響を与えているのは違いないと指摘している。この菊地康人（2000）の観点を継承する形で、三輪正（2001）は、日本語の２人称代名詞の選択における意味作用は親愛・軽侮・卑罵・尊敬・恭慎・敬遠・疎外などの言外の意味が微妙な段差をつけて盛り込まれているため、「あなた」という２人称は「聞き手」と「話し手」の人間関係によって「高い敬意度」･「低い敬意度」･「敬意度ゼロの親愛」に分類している。この人間関係による分類する分析は本稿における議論の枠組み作りに示唆することが多い。

ところで、金銀栄（2009）は、日本の一部の小説に使われている「あなた」を整理し、その意味合いを分析し、「あなた」は子供が父、目下が目上には用いるが、上司が部下には使わないとする。実例による使い方を追究する試みは評価できるものの、その事例が小説という架空の世界の内容に基づいているため、口語体の対面会話における普遍的なそれとは多少ズレがある。

２－２．「当身」に関して

崔鉉培（1971）や許雄（1995）は、「当身」について「普通敬語（예사높임 yesanopim)」という、敬語として位置付けた上で、その敬う程度の段階を設けている。さらに、李翊燮/蔡琬（1999）は、「当身」は相手を「너 neo（お前)」より敬って呼ぶ代名詞であるが、同じレベルや目下に対しても多少の敬いを現すときや、夫婦間において使われるとしており、敬語という観点を受け継ぎながら、具体的な用法を明確にしている。さらに梅田博之（1991）は、「当身」は下称・等称を除くスタイルで用いるが、その使い方に制限があるとして、次の３つに分類している。つまり①中年以上の男性同士で比較的親しいが、等称を使うほどではない間柄･中年以上の比較的親しい女性同士の間柄、

②夫婦の相互間、③喧嘩などで相手を直接名指しする場合として、その使い方を綿密に区別している。これらの先行研究は、基本的に「当身」は敬語であるという認識に基づいている。

ところで、ユ・ソヨン（유송영（2004））は、「当身」に関して敬語性の認識を持ちつつ、韓国ドラマの台詞の中で使われる「当身・君・お前」の２人称代名詞を、それぞれ文脈の中で相応しく置き換える「力動性（Dynamics）」の側面から考察している。従来とは異なる視点に基づく力動性に関することに斬新性はあるが、ドラマという架空の世界における事例を取り上げており、現実性が乏しい仕立てた場面の設定と言えよう。

本稿では、これらの日韓の先行研究における研究成果を踏まえて語用論的な観点に立ち、いかなる場面や状況、社会的な人間関係「話し手」と「聞き手」の、つまり上下関係、親子関係、距離関係（距離感）を視野に入れて、「あなた」と「当身」に共起する用言、さらには実際の生活の中で使われる口語体（対面会話）を中心に分析を行う。以下、本文における「あなた」と「当身」は小説やドラマにみるものではなく、実際、日常生活の対話の中で使われているが、拾って活字しにくい事例である。そこで、但し書きを加えない限り、日常生活に基づいた「作例」であり、必要に応じては「作例」と架空の対話を比較して後者における対話の問題点を取り上げることにする。

この分析に当たって、日韓のそれぞれにおける地域差・個人差は考慮せず、東京を中心とする共通語・韓国の標準語、さらには現代語に限定した分析を行う。上述のように日韓いずれの研究においても「あなた」と「当身」は敬語という認識がベースに存在するが、本稿では「あなた」と「当身」を単に「敬語」としてひとくくりにするのではなく、その使用の場面において、「敬意を感じない談話：等称（Formal）」・「けなす談話：下称（Informal）」・「高い敬意の談話：敬称（Respect）」という３つの意味合いに分類して、日韓対照の考察を行うことにする。この３つの用語に含まれる意味を、さらに明確にすると、等称には事務的でやや距離感や多少の親しみの両面性、下称には憎みや攻める意図、尊称には程度はともかく敬う気持ちがその背景に込められている。

３．等称としての「あなた」と「当身」

３－１．日本語

２－１．で挙げたように、「あなた」は一般的に２人称詞・呼称の役割を果たす中で敬意（Respect）や親しみを込めるという認識が強い。しかし、従来の研究では表現の場面や状況、そして話し手と聞き手の人間関係という場面の追究が必ずしも綿密に行われてきたとは言えないため、これらのことを踏まえて、等称の観点に基づいて用言との共起関係も加え、対話の事例を中心に分析を進めていきたい(2)。

（1）同じ高校を卒業した同級生同士（A・B）が、卒業後、36年ぶりに再会して交わす対話である。
　A：あなた！卒業してから何年ぶりなの。
　B：うん、36年かな。

この場面（１）の状況から考えて人間関係は若い人ではなく、中年に入って再会を果たした友人関係である。中年に差し掛かった上下のない友人関係の間で、「あなた」が用いられている。この際、「あなた」は「君」に等しい代名詞である。上下関係のない友人関係で使っても、若い友人同士では、あまり使わない傾向にあると言えよう。

（A）　①－なの。
　　＃②－ですか。
　　＃③－でございますか。
（B）　ⅰ－かな。
　　＃ⅱ－ですかね。
　　＃ⅲ－でございますかね。
※以下、*印は「非文」（不成立・不具合）、＃印は「不適格文」（不適切）を意味する。

ところで、この同級生だった２人には、ぞんざいな言い方の①「－なの」・「－かな」という用言を用いているが、この場面においてはこの共起関係が相応しい。③「何年ぶりでございますか」というのは、友人関係においては不自然な言い方と言えよう。一方、②「何年ぶりですか」程度なら、場合によってありうる対話と考えるが、これも多少の違和感はある。その答えとして、ⅱやⅲも同級生同士の対話の答えとしては自然ではない。

そこで、同級生に限らず、同じ年代の人同士が久しぶりに再会をした場合も、一般的に（１）の対話は成立できよう。

（2）退社のエレベータの中で他の部署の上司（部長）が同じ部署ではない知り合いの部下と交わす対話である。

部長：あなた！最近もこんなに遅い時間まで残業しているの。

部下：いいえ。たまたまです。

この対話は上下関係が明確に現れるが、目上の部長が親しみを込めて、部下に「あなた！」と言っている。「あなた」は「君」の意味合いとして解釈されよう。ところで、金銀栄（2009：32）は小説の分析から上司が部下に「あなた」を使うことはほとんどないと結論づけているが、上記の（2）のように実際の生活の中では使われている。さらに、この部長の対話における用言に注目してみよう。

（部長）①－いるの。
　　　②－いるのですか。
　　#③－いらっしゃるのですか。

ここでは、敬語は使わず、「－いるの」というように目下の部下に親しみを込めた言い方が自然である。このとき、「－しているのですか」も使えるが、親しみを感じない、つまり少し疎遠な関係に映る。

ところで、次の場面では年齢からみて目上であっても、目下に「あなた」は使えない。下の例は、入院していた高齢の患者が主治医の若い医者に発した発話である。

患者：先生！来週は退院できますか。

医者：すみません。もう少し経過をみてから考えましょう。

この場合、「先生」の代わりに「あなた」を使うのは違和感がある。この場面では、医者が患者を治療する関係であるため、患者が医者より年上であっても言葉使いには力関係が働く。立場的に治療をしてもらう弱い立場の患者は医者に「あなた」を用いないのが一般的であろう。年齢の上下関係ではなく、仕事の内容から年下であっても力関係が上の方が、目上の扱いをされるケースである。

このように、「あなた」という2人称詞や呼称は、敬意の程度は低いものの、愛情を込めて若者が年配者、目下が目上に用いるのは好ましくないと言えよう。

（3）大勢の人が集まる講演会で、落としていたハンカチを見つけた年配の女性が、若い女性に掛けた言葉である。

年配の女性：このハンカチは、あなたのですか。

若い女性　：すみません。ありがとうございます。

この場面でも年上が年下に対して使う「あなた」が用いられている。この場合、「あなた」は同じレベルか、あるいは目上が目下に用いる傾向が強い。このような状況はごく普通に見受けられる。

（年配の女性）①－のなの。
②－のですか。
#③－のでございますか。

この対話における「あなた」に共起する用言はぞんざいな①、ないしは②の「－ですか」が自然であり、③は丁寧度が高すぎた表現で、一般的にほとんど使われない表現であるため、不適切である。①は「話し手」と「聞き手」の年齢の差が背景にあることも考えられる。

（4）大学の授業において、先生が学生の名前を呼ばず、指して質問に対する答えを促す時の対話である。

先生：あなたは、この点についてどう思いますか。

学生：わかりません。

大学の授業においては、先生は一般的に「－君」・「－さん」の呼び方を使う。大教室で名前を知らない学生に質問をする場合は「あなた」という人称代名詞を使う時もある。

（先生）①－わかっているの。
②－わかっていますか。
#③－わかっているのでございますか。

この「あなた」は目上の先生が、目下の学生に問いかけることなので、「君」とも置き換えられよう。先生の「あなた」に対する用言として①、または②が一般的である。③は、先生の言い方としては丁寧すぎるため、不自然さを感じる「不適格文」である。

（5）会社で昇進が決まっている長男が帰省をして、母に昇進を報告した時の対話である。

長男：お母さん！４月１日付けで部長に昇進しました。

母　：おめでとう。日頃のあなたの努力が報われたね。

この親子関係において母が用いる「あなた」は、高い敬称の意味もなければ、けなす意味合いもない。

(母)　①－報われたね。
　　#②－報われましたね。
　　#③－お報われになりましたね。
　　#④－お報われになられましたね。

そのため、言い方としては①が自然で、②③④は「不適格文」である。しかし、老齢の母で、同じく中年以上の息子なら場合によって②も用いられよう。①はぞんざいな言い方であるが、愛情を込めていることや、母が子供より目上であることを反映している。

（6）中年の兄弟姉妹が集まっている時、姉が弟と交わす対話である。
　姉：あなたの長男は、秋に挙式をあげるの。
　弟：一応、その予定です。

兄弟姉妹において姉の用いる「あなた」は、若い世代の兄弟姉妹においてはあまり聞くことができない。しかし、中年の兄弟姉妹の間では耳にすることができる。このときの「あなた」は名前に替えても差し支えはないと考える。

(姉)　①－あげるの。
　　#②－あげますか。
　　#③－あげるのでございますか。

この姉の「あなた」に共起する用言として、②③は不適格であると言える。これは兄弟姉妹における上下関係が反映されていることや、兄弟という親しい間柄であるためと考える。

（7）中年夫婦の家庭で、朝、妻が出勤する夫と交わす対話である。
　妻：あなた！今日も残業で、帰りが遅いの。
　夫：いや、遅くならないよ。

この場面における「あなた」は、場面の説明がなくても中年夫婦の間柄であることがわかる。この「あなた」は、主に妻が夫に発する傾向が強いが、若い夫婦の間ではあまり用いられない(3)。

この場合「あなた」は一般的に中年夫婦の家庭において用いられるため、改まった言い方の用言は使わないと考えられる。

（妻）①－遅いの。
　　　②－遅いですか。
　　#③－遅いのでございますか。

つまり、③の「帰りが遅いのでございますか」はあまり使わず、①「遅いの」、または②「遅いですか」という表現が自然である。その意味で、「あなた」に伴う用言があまりにも改まったものなら疎遠な関係に映る。むしろ、ぞんざいな言い方が親しい関係を表すと言えよう。言い換えれば、夫婦関係においてあまりにも丁寧な用言を用いると、丁寧すぎてニュアンスがおかしくなったり、疎遠な関係映ったりする。

（8）人々が集まっている場所で製品の宣伝にきている社員が集まっている人々に語っている場面である。
　　社員：あなたの個性を生かすあなたのための化粧品です。
　　人々：・・・

この場合は不特定多数の相手に語りかける発話であり、上下関係はなく、概ね大人を対象にしていると考えられる。この「あなた」は、「皆様」の意味合いと解釈できる。なお、「あなた」は、複数である場合にも用いる。

（社員）#①－化粧品だ。
　　　　②－化粧品です。
　　　　③－化粧品でございます。

この場面における「あなた」に共起する言い方としては、②「－です」、または③「－でございます」が相応しい。この場合、「社員」と「人々」は少し距離があるためと考えられる。一般的に多数の人々に①のぞんざいな用言は用いない。

（9）サッカー部の顧問と何人かの部員との対話である。
　　顧問　：我が国のサッカー運命は、あなたたちの努力にかかっています。

部員ら：はい。頑張ります。

この「あなたたち」は、あなたの複数で「君ら」とも置き換えられよう。つまり、一人の２人称ではなく、２人称の複数に激励をしている対話である。

（顧問）①－かかっている。
②－かかっています。
＃③－かかっているのでございます。

この対話では、「あなたたち」（部員ら）に対して丁寧すぎる③よりは、ぞんざいな言い方の用言①や②のほうが一般的である。

（1）～（9）で示したように、日本語における等称である「あなた」は用いられる範囲が広い。そこで概ね年齢や力関係が上の人なら、下の人に対して「あなた」を用いる傾向が強い。この「あなた」はやや距離感、ないしは多少の親しみを感じさせる両面性がある。一方、共起する用言は人間関係が親密であればあるほどぞんざいな言い方が自然である。但し、「聞き手」が多数の場合はむしろ丁寧な言い方が好まれる。

３－２．韓国語

「当身」も日本語「あなた」とほぼ同じく等称という視点に基づいて、対話の中でどんな場面や状況、そして人間関係のもとで使われるのか、用言との共起関係も含めて考察していく。

（7'）中年夫婦の家庭で、朝、妻が出勤する夫に交わす対話である。
妻：오늘 당신 늦게 돌아오세요？
oneul dangsin neujge dol-a-ose-yo　（今日、当身は帰りが遅いですか）
夫：아니,늦지않아.
ani,neuj-ji-anh-a　（いや、遅くならないよ）

この場面における「あなた」は、日本では主に妻が夫に発話する傾向にあるが、韓国では夫婦の間で相互が用いる。しかし、日韓における若い夫婦の間では、あまり用いない傾向が強いと言えよう[4]。

（妻）＃①－돌아 와？　dol-a wa　（－帰ってくるの）
②－돌아 와요？　dol-a wayo　（－帰ってきますか）
＃③－돌아 옵니까？　dol-a obnikka　（－帰ってきますか）

#④－돌아 오셔？　dol-a osyeo　(－帰っていらっしゃるの)
⑤－돌아 오세요？　dol-a ose-yo　(－帰っていらっしゃいますか)
#⑥－돌아 오십니까？ dol-a osibnika　(－帰っていらっしゃいますか)

ここで「当身」共起する用言として一般的に①「늦게 돌아와 ？neujge dol－a－wa（帰りが遅いの）」とは言わず、②⑤「늦게 돌아 와요？neujge dol－a－wa－yo/늦게 돌아오세요 neujge dol－a－ose－yo？（帰りが遅いのでいらっしゃいますか）」と言う。一方、③は「－帰ってきますか」で訳されるが、実際は「－帰って来るのでございますか」のニュンアンスで、この対話では相応しくない。但し、妻が夫に敬語を使わない家庭では、①のケースも考えられる。より敬語のレベルを上げて⑥「늦게 돌아 오십니까？neujge dol－a－osibnika（帰りが遅いのでございますか）」の言い方でもあるが、夫婦の間ではあまり用いない。妻が夫にぞんざいな言い方をしないのは、韓国社会の「夫婦有別」という儒教意識が潜在的に残ってはいるが、③⑥は他人への行為に等しい。一般的に妻にとってきわめて親しい間柄の夫であっても①④のようなぞんざいな言い方はしない。

ところで、日本とは違って韓国では「当身」が呼称として使われるのは希で、呼称としては「当身」よりは「ヨボ（여보 yeobo）」を用いる。韓国の「当身」も概ね日本と同じく中年の人がよく用いる傾向にある。夫婦の間に子供がいる場合は子供の名前をもって、例えば「ミヨンア（미영아 mi－yeong－a）」と呼ぶこともある(5)。

(8') イベント会場などで、俳優が聴衆に語っている場面である。

俳優：이것은 당신을 당신답게 꾸밀수 있는 생활 필수품입니다.
igeos-eun dangsin-eul dangsindabge kkumilsu issneun saenghwal pilsupum-ibnida
（これは当身を当身らしく飾ることのできる生活必需品です）
聴衆：・・・

この場面の対話は不特定多数の聴衆に語りかけていることであり、俳優と聴衆に上下関係はない。この「当身」は、「皆様」の意味合いと解釈できよう。

(俳優)　#①－필수품이야.　pilsupum-i-ya　(－必需品だ)
②－필수품이예요.　pilsupum-i-ye-yo　(－必需品です)
③－필수품입니다.　pilsupuibnida　(－必需品です)

この「当身」に共起する用言としては、②「－아요－ao/－어요－eyo（－です/－ます)」、または③「－ㅂ니다－bnida /－습니다 －seubnida（－でございます)」が相応しい(6)。たとえ、聴衆が子供であっても、①はあまり用いない。つまり、日本の（8）と同じく「聞き手」が多数の場合は、「当身」に共起する用言は丁寧な言い方が一般的である。

この等称としての「あなた」と「当身」の諸場面に関して、つまり日本の（1）～（2)、韓国の（7′）・(8′）をまとめたのが、(表1）である。

【表1】 等称の「あなた」と「当身」(J：日本語)(K：韓国語)

あなた	当身	場面	状況	人間関係	年齢	共起の用言
1	—	(J)同窓会	36年ぶりに再会して交わす対話	同級生	40代半ば	(J)(A)－なの(B)かな
2	—	(J)エレベータの中	他の部署の上司(部長)と部下社員	上司と社員	上司(50代)部下社員(20代)	(J)－いるの/いるのですか
3	—	(J)講演会	落としていたハンカチを見つけた中年女性が若い女性に声をかける場面	未知の関係	中年女性(50代)若い女性(30代)	(J)－のなの/のですか
4	—	(J)学校	教授が学生に対してして質問に応えを促す場面	教授と学生	教授(40代後半)学生(10代後半)	(J)－わかっているの/わかっていますか
5	—	(J)家庭	昇進が決まっている長男が帰省して母に報告する場面	親子	母(60代)息子(30代)	(J)－報われたね
6	—	(J)実家	中年の兄弟姉妹が集まった場面	姉と弟	40代～50代	(J)－あげるの

7	7'	(J)(K)家庭	妻が出勤する夫に交わす会話	中年夫婦	50～60代	(J)－遅いの/遅いですですか　(K)－帰ってきますか/帰っていらっしゃいますか
8	8	(J)(K)繁華街	化粧品の宣伝	不特定多数	10～80代	(J)－化粧品です/化粧品でございます　(K)－必需品です
9	—	(J)サッカー部室	サッカー部のサポーターが何人かの部員を集めて話をしている場面	サポーターとサッカー部員	サポーター(50代)サッカー部員(10代)	(J)－かかっています/かかっているのでございます

（表１）でみるように、韓国語における「等称」としての「当身」は日本語の「あなた」と比較して使用の範囲が狭いのは一目瞭然である。つまり、日本は（１）～（９）の状況で用いるが、韓国では（7'）（8'）の場面でしか使われない。その日韓の共通点として主に中年の夫婦、そして多数の「聞き手」を対象に用いることである。一方、家庭で使われる「あなた」は、主に妻（女性）が夫に用いるのに対し、「当身」は夫婦相互が使用する。ところで、（表１）でも確認できるように、等称における「あなた」と「当身」に共起する用言は愛情を込める感じでぞんざいな表現が概ね自然である。逆に多数の「聞き手」に対しては丁寧な用言を用いる。

４．下称としての「あなた」と「当身」

４－１．日本語

日本語の「あなた」を下称として用いる際の場面、状況、人間関係、さらにそれに伴う用言との共起関係について考察する。

（一）年下の社長が業務実績の悪いある年上の幹部を叱責する場面の対話である。

社長：あなたは、前期の営業実績が昨年の後期に比べて、どれくらい落ち込んでいるか把握していますか。

幹部：はい。問題点を把握して分析をしているところです。

ここで社長が幹部より年下であっても、年上であっても「あなた」を用いる言い方は、歳より力関係が優先する人間関係からである。

（社長）　#①－把握しているか。
　　　　　②－把握していますか。
　　　　#③－把握していらっしゃいますか。

社長の用いた「あなた」に共起する ①は最高に激怒している場面、あるいは社長より年下の幹部に対してはありうる表現であると考えられる。しかし、一般的に①は用いない。②は年上や年下に関係なく怒りを表している時に使う用言である。③はこの叱責する場面には相応しくない。つまり、丁寧過ぎる用言であるため怒りが十分伝わらない。

（二）女性警察官が窃盗容疑者を連行して尋問をする時の対話である。
警察官：あなた！嘘をつかず、しっかり答えなさい。
容疑者：はい。

この容疑者が警察官より年上、年下に関係なく「あなた」は用いられる。つまり、年齢上に関係なく、力関係においては取り調べる立場が上で、取り調べられる立場は下という関係が現れている。

（警察官）#①－答えろ。
　　　　　②－答えて。
　　　　　③－答えなさい。
　　　　　④－答えて下さい。

警察官が力関係上、上位であるが、「あなた」に共起する用言①は脅迫的であるため不自然である。しかし、戦前の警察官ならありえたと考える。②③④は、この取り調べの場面で「あなた」に共起する用言として違和感なく用いられる。

（三）若い人（A）と年配の人（B）が運転の仕方をめぐって、言い争う場面で交わす対話である。
Ａ：あなたが俺の車を追い越して右折するのは乱暴な運転だろう。
Ｂ：何を言っているのあなた！

この言い争いの場面では、歳に関係なく、互いに「あなた」という代名詞や呼称を使っている。この場面では面識もない初対面の人同士であるが、ある程度面識があっても感情がエスカレートすると、歳の多寡、性別にかかわらず「あなた」を乱発する傾向にある。しかし、(三) の状況であっても性別によって多少の差はあると考えられる。

（A）①－運転だろう。
　#②－運転でしょう。
（B）ⅰ－言っているの。
　ⅱ－言ってるんですか。
　ⅲ－言っていらっしゃるんですか。

年配の人（B）から若い人（A）の「あなた」には用言③は、この場面ではあまり用いず、ぞんざいな②が共起に相応しい。一方、ⅲは非文ではないが、言い争い場面ではあまり自然ではない。

この場面における当事者は、上下関係より、事柄だけを優先して人を責めているため荒っぽい用言になっていると考える。

(四) 母親がいたずらをしている子供を叱るときの対話である。
お母さん：あなた！いい加減にしなさい。
子供：ごめんなさい。

日本では、子供に対しても「あなた」を使うが、この場合は「お前」の意味合いである。

(お母さん) #①－いい加減にしろ。
②－いい加減にして。
③－いい加減にしなさい。
#④－いい加減にして下さい。

母の「あなた」に共起する用言として①は厳しすぎる言い方であり、②③が一般的である。一方、④は丁寧すぎるニュアンスで、子供を叱るこの場面では相応しくない用言である。

(五) 親子の掛け合いで、娘が母に対して突き放して語る対話である。
お母さん：あなた、それでいいと思うの。もう少ししっかりしたらどう？
娘　　　：あなたこそ何もわかってない！

この対話は、娘の進路のことで意見の違いに対し、親子が激しい口論となり、成人した娘がお母さんに対して、他人のように突き放して、かなり距離を置いて発する場面である。普段はあまり耳にすることのない対話で、かなり特殊な場面ではあるが、「あなた」が用いられるケースである。

（娘）　ⅰ－そうだろう。
　　＃ⅱ－そうでございますでしょう。

この口論は（三）と違って、親子という上下関係が明らかであるため、娘は「－でしょう」という用言を用いているが、感情が激化すると、ⅱも共起する用言として用いられる。いくら親子の口論であってもⅱは丁寧過ぎて使わない(7)。

（六）中年夫婦の住む家庭で夫婦間の感情が激しくなっている場面で、妻が夫を責める対話である。
妻：あなたがそう言ったんでしょう。
夫：うん。そう言ったよ。

この場面では妻が夫に対して「あなた」とは言っているものの、対立の状態である。したがって、（五）における「あなた」のニュアンスとは異なっており、険しいモードの「お前」に近い意味合いになろう。

（妻）①－言ったんだろう。
　　②－言ったじゃないの。
　　③－言ったじゃないんですか。

この場面の「あなた」に共起する用言は、①②③のいずれも考えられる。しかし、①②は極端に声を荒げている状況で用いる。この場合③は、わざと丁寧な表現をして品位の維持はもとより相手と両者の距離感を形成する意図もあると考えられる。

（七）部長が開発の成果があまり上がらない開発チームのメンバーに対して叱る場面の対話である。
チームメンバー：半年かけて開発したものです。
部長　　　　　：あなたたち！こんな製品しか開発できないのか。

この「あなたたち」は複数の２人称に対して使う代名詞である。技術開発の成果に不満を持って機嫌の悪い部長は、「お前たち」と言うこともできる。開発に関する報告を受けた部長はメンバーの人々の年齢とは関係なく職務の地位から高圧的姿勢で責めている。

(部長）ⅰ－開発できないのか。
　　　ⅱ－開発できないんですか。
　　＃ⅲ－開発できないのでございますか。

部長がチームメンバーに叱責する場面の「あなたたち」であるため、ⅲは丁寧すぎる用言であり、相応しくない。一方、ⅰは叱責が一番厳しい状況で、ⅱは叱っているものの、ある程度の丁寧さと品位を保つ言い方である。

このように、「下称」と「あなた」は相手を叱ったり、攻めたりする時に用いる。その共起の用言としてはぞんざいな激しい言い方が一般的である。しかし、多少丁寧な用言は叱責の場面であっても品位を保持する意味合いがあったり、相手との間に距離をつくる
効果もある。

４－２．韓国語

韓国語における「下称」としての「あなた」はどんな場面や、状況、どんな人間関係のもとで使われ、さらにそれぞれに共起する用言についても考察して行く。

(一') 社長が業務実績の悪いある幹部に叱責をする場面の対話である。

社長：당신은　전기 영업 실적이　작년후기와 비교해서 얼마나 떨어졌는지 파악하고 있어요？
dangsin-eun jeongi yeong-eob siljeog-i jagnyeonhugi-wa bigyohaeseo eolmana tteol-eojyeossneunji pa-aghago iss-eo-yo
(当身は、前期の営業実績が昨年の後期に比べて、どれくらい落ち込んでいるか把握していますか)

幹部：예, 문제점을 파악해서 분석을 하고 있는 중입니다.
ye, munjejeom-eul pa-aghaeseo bunseog-eul hago issneun jung-ibnida
(はい。問題点を把握して分析をしているところです)

この場面における「あなた」は社長が幹部より年下、年上に関係なく使われる。この状況における言い方は、歳より力関係が優先する。

(社長) ①－있어？　　iss-eo　　(いるの)
　　②－있어요？　　iss-eo-yo　　(いますか)
　　③－있습니까？　　iss-seubnikka　　(いますか)
　#④－계셔？　　gyesyeo　　(いらっしゃる)
　　⑤－계세요？　　gyese-yo　　(いらっしゃいますか)
　#⑥－계십니까？　　gyesibnikka　　(いらっしゃいますか)

この場面は日本の（一）と同様、社長が幹部を叱責している対話である。ここで「当身」に共起する①は、ぞんざいな言い方で一番叱責の度合いが厳しく、社長より年下の幹部には適合していると言える。一方、④は尊敬用言を用いたぞんざいな言い方では皮肉るような表現で、⑥は丁寧過ぎて叱る状況としては、不適切である。そこで、韓国社会では「長幼の序」が色濃く残っているため、社長より年上の幹部の叱責には気を遣いながら、②③⑤を用いる。

(二') 警察官が窃盗容疑者を連行して尋問をする際、窃盗を否認する容疑者にきつく問いただす対話である。

容疑者：그것에 관해서는 기억이 없습니다.
　　geugeos-e gwanhaeseoneun gi-eog-i eobs-seubnida
　　(それに関しては覚えていません)

警察官：당신！ 무슨 소릴 하는거야? 조금 전에는 인정 했잖아.
　　dangsin! museun solil haneungeo-ya? jogeum jeon-eneun injeong haessjanh-a
　　(当身！何を言っているの。先ほどは認めただろう)

韓国社会では概ね年齢によって上下関係や物事の順番を決める儒教的価値観が根強く残っている。しかし、容疑者が警察官より年上、逆に年下であっても、この状況では「当身」という語彙を使う。つまり、職務が優先され、かつ上位であるため、年齢とは関係なく用いるのである。この「当身」は「너 neo」(お前) に置き換えることもでき、これはユ・ソヨン (유소영) (2002) のいう「力動性 (Dynamics)」である。

ここで、警察官の発話において「あなた」に共起する用言について考えたい。

(B) i －있는거야.　　　　－인정했잖아.

issneungeo-ya　　　　　　injeonghaessjanh-a
(－しているの　　　　　－認めただろう)
ⅱ－있는거요.　　　　　－인정 했잖아요.
issneungeo-yo　　　　　injeong haessjanh-a-yo
(－していますか　　　　－認めたでしょう)
＃ⅲ－있는겁니까.　　　　－인정 했잖습니까.
issneungeobnikka　　　　injeong haessjanhseubnikka
(－していますか　　　　－認めたでしょう)
＃ⅳ－계시는 거야.　　　　－인정 하셨잖아.
gyesineun geo-ya　　　　injeong hasyeossjanh-a
(－いらっしゃるの　　　－認められただろう)
＃ⅴ－계시는 거요.　　　　－인정 하셨잖아요.
gyesineun geo-yo　　　　injeong hasyeossjanh-a-yo
(－いらっしゃいますか　－認められたでしょう)
＃ⅵ－계시는 겁니까.　　　－인정 하셨잖습니까.
gyesineun geobnikka　　　njeong hasyeossjanhseubnikka
(－いらっしゃいますか　－認められたでしょう)

この場面における警察の取り調べというのは、尋常の状況ではなく、頑なに容疑を認めようとしない容疑者に対して警察が容疑を明かそうとする激しい駆け引きの場面であるため、「当身」に対する共起として丁寧な用言は考えられない。したがって、この状況ではⅰ・ⅱが自然であろう。ⅱは容疑者の人格も認めつつ、品を保った取調べと言える。

(三')若い人(A)と年配の人(B)が運転をめぐって、乱闘寸前の言い争いの場面で交わす対話である。

A：당신이　내　자동차를 추월해서　우회전하는 건 난폭한 운전이잖아?
dangsin-itbnaetbjadongchaleul chu-wolhaeseotb-uhoejeon haneungeon nanpoghan unjeon-ijanh-a?
(当身が俺の車を追い越して右折するのは乱暴な運転じゃない？)

B：무슨 소릴하고 있는거야, 당신！
museun solilhago issneungeo-ya, dangsin!(何を言っているの。当身！)

この言い争う場面でも、年齢に関係なく、互いに「当身」と呼び合っている。この「当身」は「너 neo(お前)」に置き換えられるが、この状況での中でも多少の品を持って言う場合は「両班」を用いる[8]。この場面は面識もない初対面の人同士であり感情がエスカレートしているため、年齢、性別にか

かわらず「当身」を乱発している。この状況で男女の差は多少あると考えられるが、「当身」は「너 neo」（お前）よりは品のある表現であるが、「両班」を用いる方が言い争いの中でもより品格が漂う。

（B） ⅰ－있는거야.　issneungeo-ya　（－しているの）
ⅱ－있는거요.　issneungeo-yo　（－していますか）
ⅲ－있는 겁니까.　issneungeobnikka　（－していますか）
＃ⅳ－계시는 거야.　gyesineun geo-ya　（－していらっしゃるの）
＃ⅴ－계시는 거요.　gyesineun geo-yo　（－していらっしゃるんですか）
＃ⅵ－계시는 겁니까.　gyesineun geobnikka　（－していらっしゃるのですか）

しかし、対話の内容からみていずれの共起する用言もけなす意味合いであるが、ⅰがより強く現われている。ⅱは、ⅰよりは多少、柔らかい表現であり、この状況において、AとBの年齢が逆であればⅳ・ⅴ・ⅵの用言も成立すると考える。

（六'）中年夫婦の住む家庭で夫婦間の感情が激しくなっている場面で、妻が夫を叱責する対話である。
妻：당신이 그렇게 말했잖아요.
dangsin-I geuleohge malhaessjanh-a-yo　（当身がそう言ったでしょう）
夫：당신은 왜 그렇게 빈정대？
dangsin-eun wae geuleohge binjeongdae
（当身は何でそんなにねちねち言うの）

「等称」の（７'）と同じく中年夫婦の家庭という状況であるが、（７'）は愛情が込められている。しかし 、（五'）は妻が夫を責めているため、けなす意味合いが強い。

この妻や夫の用いる「当身」に共起する用言を考えてみよう。

（妻）＃①－말했잖아.
malhaessjana　（－言ったじゃないの）
*②－말씀 했잖아.
malsseum haessjanh-a　（－おっしゃったじゃないの）
③－말했잖아요.
malhaessjanh-a-yo　（－言ったじゃないですか）
*④－말씀했잖아요.
malsseumhaessjanh-a-yo　（－おっしゃったじゃないですか）

#⑤－말씀 하셨잖아요.
malsseum hasyeossjanh-a-yo　(－おっしゃったのではありませんか)

(夫)　ⅰ－빈정대？　binjeongdae　(－ねちねち言うの)
ⅱ－빈정대요？　binjeongdae-yo　(－ねちねち言いますか)
#ⅲ－빈정댑니까？　binjeongdaebnikka　(－ねちねち言いますか)
#ⅳ－빈정대셔？　binjeong daesyeo　(－ねちねち言われるの)
#ⅴ－빈정대세요？　binjeongdaese-yo　(－ねちねち言われますか)
#ⅵ－빈정대십니까？　binjeongdaesibnikka　(－ねちねち言われますか)

妻のいう「当身」に共起する用言として③が一般的である。①は感情の対立があっても「夫婦有別」という観点からあまり相応しくない。しかし、感情が激しくなり、品のない言い方をする場合は成立しうる。②④⑤には言い争いながらも女性らしい品が感じられる。しかし④⑤は品位もさることながらかしまった言い方で夫と距離感を保とうとするが、あまり用いられない。この対話では、抑揚が関わってくるが、この点に関しては稿を改めたい。

一方、夫の「当身」に共起するのはⅰ・ⅱしか考えられない。ⅱは多少品のある話しである。ⅲ・ⅳ・ⅴ・ⅵを用いないのは、韓国社会における家庭内の家父長は、威厳があり、妻・子供に敬語を使わないからである。稀に夫が妻に対して敬語を使う夫婦もあるが、最近、若い夫婦の中では、①・ⅰのように相互が敬語を使わないケースもしばしば見られる。

(七')　部長が開発の成果があまり上がらない開発チームのメンバーに対して叱る場面の対話である。

チームメンバー：반년에 걸쳐 개발한 것입니다.
bannyeon-e geolchyeo gaebalhan geos-ibnida
(半年かけて開発したものです)

部長：당신들은 이런 제품밖엔 개발할　수 없어？
dangsindeul-eun ileon jepumbakk-en gaebalhalsu eobs-eo
(当身らはこんな製品しか開発ができないの)

この「당신들 dangsindeul（当身ら）」は複数の２人称に対して用いる代名詞である。この際、メンバーの人々の年齢とも関係なく職務の地位から攻めている。開発の内容に不満を持っている機嫌の悪い部長の言う「あなた」は、「너희들 neohuideul（お前たち）」と言うこともできる。とは言え、部下のほとんどが部長より年下の状況であれば「너희들（お前たち）」が用いられる。

(部長)　ⅰ－할 수 없어?　halsu eobs-eo　(－できないの)
ⅱ－할 수 없어요?　halsu eobs-eo-yo　(－できないですか)
ⅲ－할 수 없습니까?　halsu eobs-seubnikka　(－できませんか)
#ⅳ－할 수 없으셔?　halsu eobs-seusyeo　(－できませんの)
ⅴ－할 수 없으세요?　halsu eobs-seuseyo　(－できませんか)
#ⅵ－할 수 없으십니까?　halsu eobs-seusibnikka　(－できませんか)

ここで、「당신들 dangsindeul（当身ら）」」の代わりに「당신네들 dangsinnedeul」という複数の代名詞を使うこともあり得る。この接尾辞の「네 ne」は、そもそも「普通尊敬（예사높임 yesanopim)」であるが、そのグループや団体、あるいは所属の人物を非難するニュアンスもあろう。この場面ではⅰが共起する用言としては相応しい。ⅱ・ⅲ・ⅴも用いられるが、部下の中に年上の人がいたり、あるいは品を考えた対話の際に適切であろう。一方、ⅳは部長の不満をもらす用言としては丁寧過ぎると言えよう。

以上、「下称」の対話における日韓の「あなた」と「当身」を用いる状況やその共起関係をまとめたものは、次の（表２）である。

【表２】下称の「あなた」と「当身」(J：日本語)（K：韓国語)

あなた	当身	場面	状況	人間関係	年齢	共起の用言
一	一'	会社	社長が業務実績の悪い幹部に対して叱責する場面	社長と幹部	社長(50代)幹部(40代)	(J)－把握していますか(K)－いるの/－いますか/－いらっしゃいますか
二	二'	警察庁	警察官が窃盗容疑者の取り調べをしている場面	警察と窃盗容疑者	警察官(30代)窃盗容疑者(20代)	(J)－答えて/－答えなさい/－答えてください(K)－しているの－認めただろう/－していますか－認めたでしょう
三	三'	道路	運転を巡って言い争う年配の人と若い人	未知の関係	年配(40代)若い人(20代)	(J)(A)－運転だ/運転じゃ (B)－言っているの/言っていますか (K)－しているの/していますか

四	—	(J) 家庭	お母さんが悪戯している子供を叱っている場面	親子	母(20代) 息子(6歳)	(J)－いい加減にして/いい加減にしなさい/いい加減にしなさい
五	—	(J) 家庭	親子の掛け合いで、娘が母親に対して突き放して語る場面	親子	母(50代) 娘(30代)	(J)－あなたもそうじゃ/－あなたもそうだろう
六	六'	家庭	妻が夫に対して叱責する場面	中年夫婦	40代の夫婦	(J)－言った/－言ったじゃないの－言ったじゃないですか(K)(妻)－言ったんでしょう(夫)－ねちねち言うの/－ねちねち言いますか
七	七'	会社	開発成果の不振に対して部長がチームメンバーに叱責する場面	上司と部下社員	部長(50代)チームのメンバー(30)	(J)(ｉ)－開発できないの/開発できないのですか(K)(部長)－できないの/できないですか/できませんか

この表（2）で確認することができるように、「下称」としての「あなた」と「当身」の使い方は、ほとんどが類似している。そのほとんどは相手を責めたり、相手と喧嘩をしたりする場面であり、ここで日韓の異なる点は、(四)（五）のように日本では親が子供を叱るとき、さらに親子が言い争う場面で両者が「あなた」を用いるが、韓国では日本と同じ場面で「当身」は使わない。けなす意味合いが強く、上下・力関係によって上位の者が用いる傾向にあるが、感情が激しくなると、上下とは関係なく使うこともある。

ところで、「下称」の「あなた」と「当身」に共起する用言は「等称」と同じくぞんざいな言い方をする傾向が強い。しかし、下称ではけなす意味合いがその背景にある。なお、少し丁寧な用言を用いると、けなしつつも品を漂わせる表現となる。

5．敬称としての「あなた」と「当身」

5－1．日本語

すでに触れてきたように、日本語の「あなた」は辞書や先行研究が示したように敬意の度合いが減じているものの、敬称として位置付けている。この敬称の「あなた」はどのような場面で用いられ、いかなる特徴があるのかについて、用言の共起関係、さらに人称を意識して考察を行う。

（Ⅰ）ある紳士が年配の女性に道を尋ねている場面における対話である。
紳士　　　：向こうの神社の神主さんに会いに来たのですが、神主さんのご自宅はご存じですか。
年配の女性：あなたは地元の方ではないのですか。

この場面における「あなた」は敬語に間違いないが、韓国語なら「先生」、「社長さん」に置き換えて答えることもあり得る。

（おばさん）＃ⅰ－ではないのか。
ⅱ－ではないのですか。
ⅲ－ではないのでございますか。

この際、「あなた」は「等称」よりはややかしこまった意味合いが込められていると言えよう。その共起の用言はⅰのぞんざい、そしてⅱの「－です/－ます」のほか、ⅲ「－でございます」を付けることができよう。しかし、ⅰよりはⅱ・ⅲの共起が相応しい。

（Ⅱ）子供を大きく育てて独立させ、二人きりの生活をするようになった年配の夫婦がお茶を飲みながら交わす対話である。
夫：今まで子供の世話で大変だったね。
妻：あなたが多くのことを助けてくれたので感謝しています。

この「あなた」は、配偶者に対して本当に尊敬の念を抱いている代名詞で「汝」の意味合いである。

（妻）＃ⅰ－感謝している。
ⅱ－感謝しています。
＃ⅲ－感謝しているのでございます。

ここで、夫婦の間で尊敬の念が強くてもⅲは堅苦しく感じられ、またⅰはあまり用いない。妻が夫に対して感謝の言葉を伝える際、一般的にⅱが自然であろう。

(Ⅲ) 国際大会に参加して優勝した野球チーム選手に、野球協会の会長が労いの言葉を交わす対話である。
会長：日頃、あなた方のご努力が優勝に結びついたと思います。
選手：ありがとうございます。

この「あなた方」は「あなた」の複数で、この「方」は２人称の複数に敬意を表しているのである。

(会長) #①－と思う。
②－と思います。
③－と思うのでございます。

ここで、共起する用言として「聞き手」が若い選手とは言え、①は用いない。会長が選手に敬意を込めていることから「あなた方」に共起するのは②③が相応しい。

ところで、「あなた様」は一般的に役職名や団体名に付けたり、小説の中で相手を敬う気持ちで使う文語と言えよう。例えば、宮本百合子の『たより』(青空文庫) の中に「・・・(中略) この上なくしずまった心で貴方様を思って居るのでございますよ。(中略) ・・・」という下りがある。ちなみに、大石初太郎 (1986) は、目上の人に「あなた」を用いるのは、「敬語の不自由さ」であるとしている。

(Ⅶ) 日本のカトリック教会におけるミサの中 (拝領前の信仰告白) で唱える内容である。
司祭：神の子羊の食卓に招かれた者は幸い。
会衆：主よ、あなたは神の子キリスト、永遠の命の糧、あなたをおいて誰のところへ行きましょう。

ここで、会衆の唱える「あなた」とは、キリスト (イエス) を意味する。この「あなた」はまれに使われることではあるが、日本語においても３人称が崇める対象の場合、とりわけ神に対して「あなた」と言う。

５－２．韓国語

韓国語における２人称詞・呼称の「当身」には、敬称の意味合いはほとんどないが、尊敬助詞が伴って敬称を表すことはある。敬称で用いるほとんどは同席していない目上の人を称する３人称詞・呼称であり、その使用の場面、状況、さらに用言との共起関係を踏まえて分析する。

(Ⅳ') 若い女性が舞台で歌う機会があり、歌を歌う前に客席に来ている彼氏に向かって発する対話である。

女性：이 노래를 사랑하는 당신께 바칩니다.
i nolareul salanghaneun dangsinkke bachibnida
(この歌は、愛する当身に捧げます)

彼氏：・・・

この場面は、「話し手」と「聞き手」の間に、舞台と客席という多少の物理的距離はあるが、対面における「当身」と考えられる。男女が逆の立場であっても使われる。この「当身」に尊敬助詞の「－께－kke」が伴っているため厳密に日本訳をすれば、「당신 dangsin」＋「－께－kke」は「あなた様」になろう。したがって、この２人称における「当身」は敬称と考えられる。その理由は、「－께－kke」という尊敬助詞が伴っているからである。日本語ではあまり使われないが、韓国語では状況によっては用いる。(Ⅳ') では、「聞き手」は舞台という状況であるため対面会話ではないが、まるで目の前に対面している相手に対して発するような場面である。

(女性)　#①－바쳐.　bachyeo　(－捧げる)
②－바쳐요.　bachyeo-yo　(－捧げます)
③－바칩니다.　bachibnida　(－捧げます)

ここで、「当身」に共起する用言は②③が相応しく、一般的に①は用いない。逆に彼氏が舞台に立った場合も同様に使うことができる。

(Ⅴ') ある人が亡くなった父を思い起こしながら、亡き父もよく知っている親しい親友に父のことを話す対話である。

ある人：당신께서는 아주 엄격하시고 교육열이 높으셨어.
dangsinkkeseoneun aju eomgyeoghasigo gyo-yug-yeol-i nop-eusyeoss-eo
(当身はとても厳格で教育熱心だった)

友人　：자네 아버님의 성격은 나도 잘 알고 있어.

jane abeonim-ui seonggyeog-eun nado jal algo iss-eo
(君のお父様の性格は、俺もよく知っている)

この「当身」は、すでに亡くなって同席していない父に対する「敬称」の3人称代名詞である。この際、友人の「자네 아버님 jane abeonim-ui（君のお父様)」は、「当身」に置き換えることもできる。

ところで、ヤン・ヨンヒ（양영희）(2006）は、中世において「当身」という3人称代名詞は、現代語においてすべて2人称代名詞化したとするが、これは「当身」が3人称代名詞として残っているケースである。

(ある人)	①ー높았어.	nop-ass-eo	(ー高かった)
	#②ー높았어요.	nop-ass-eo-yo	(ー高かったです)
	#③ー높았습니다.	nop-ass-seubnida	(ー高かったです)
	④ー높으셨어.	nop-eusyeoss-eo	(ー高かった)
	#⑤ー높으셨어요.	nop-eusyeoss-eo-yo	(ー高かったです)
	#⑥ー높으셨습니다.	nop-eusyeoss-seubnida	(ー高かったです)

この「当身」が敬称の対象である3人称の亡き父であっても、聞き手は友人であるため、①④の共起が相応しい。この場面で②③⑤⑥はあまり用いないが、「聞き手」が「話し手」より年上の場合は共起用言として使う。

(Ⅵ')韓国の独立に関連する施設の案内人が、独立に大きな貢献をした方々の名前を取り上げて、訪問客に説明をしているときの対話である。

案内人：당신들께서 독립을 쟁취 하시기 위해 얼마나 많은 시련을 겪으셨는지 한번 생각해 보시기 바랍니다.
dangsindeulkkeseo doglib-eul jaengchwi hasigi wihae eolmana manh-eun silyeon-eul gyeokk-eusyeossneunji hanbeon saenggaghae bosigi balabnida
(当身たちが独立を成し遂げるため、どれほどの苦労をされたのか再度考えてみて下さい)

訪問客：당신들께서의　노고가 많으셨다는 것을 뼈저리게 느꼈습니다.
dangsindeulkkeseo-ui nogoga manh-eusyeossdaneun geos-eul ppyeojyeolige neukkyeoss-seubnida
(当身等のご苦労が多かったことはしみじみ感じました)

この「당신들 dangsinnedeul」は3人称代名詞の複数で、独立運動家の敬称である。

(案内人) #①－쟁취하기　　　　　　－겪었는지.
jaengchwihagi　　　　－gyeokk-eossneunji
(－成し遂げるため　－苦労をしたのか)
②－쟁취하기　　　　　　－겪으셨는지.
jaengchwihagi　　　　－gyeokk-eusyeossneunji
(－成し遂げられるため－苦労をされたのか)
(訪問客) # i －많았다.　　manh-assda　　　(－多かった)
ii －많으셨다.　　manh-eusyeossda　(－多かった)

ここで、敬称の「当身」に共起するのは、②とⅱである。①とⅰも用いられるが、この場面では正確に共起しているとは言えない。①とⅰは、書きことばにおいては適切な共起と考えられる。

このように、(Ⅴ')(Ⅵ')の「当身」は、目下の人が目上の人に対して用いる３人称の敬称であり、ほぼ(Ⅴ')と同じである。

ところで、３人称主語の「当身」は死者だけではなく、対面していない生者に関しても使われる。次は、兄弟姉妹が集まり、「孝行旅行(효도여행 hyodo-yeohaeng)」に出掛けている母のことを話題に対話をしている。

弟：당신께서　원하시던대로 어제 하와이에 여행을 떠나셨습니다.
dangsinkkeseo　wonhasideondaelo eoje ha-wa-i-e yeohaeng-eul
tteonasyeoss-seubnida
(当身が願われていた通り、昨日、ハワイに旅立ったれました)
姉：응！ 당신이 기억에 남는 여행이 되길 바래.
un! dangsin-i gi-eog-e namneun yeohaeng-i doegil balae
(うん！当身の記憶に残る旅行になってほしいね)

この場面における「当身」は自分ら(姉・弟)の母を意味する。韓国では、親の人生の節目に際し、子どもたちがお金を集めて親を旅行に行かせる韓国ならではの「孝行旅行」というものがあるが、この「孝行旅行」によって、母の念願であったハワイ旅行がかなったという場面である。

ところで、「当身」に共起する用言は、兄弟同士の話しであるため、ぞんざいから丁寧な言い方まで用いられる。

(Ⅶ')プロテスタント教会の礼拝の中で牧師が神様(イエス)に切実に願いを込めて

祈るときの内容である。

牧師：전지전능하신 하느님! 당신의 사랑으로 우리를 돌봐 주시옵소서

jeonjijeonneunghasin haneunim! dangsin-ui salang-eulo ulilul dolbwa jusi-obsoseo

（全知全能な神様！あなたの愛で私たちを見守り給え）

信者：아멘！ amen！（アーメン！）

日本の（Ⅶ）の「あなた」と同様、韓国においても神様に対して「当身」という３人称代名詞を用いる。「当身」に共起する用言は最高レベルの敬語として使っている。つまり、「주시다 jusida」（くださる）だけでも敬意があるが、「－소서 soseo」（－たまえ）をつけて神様にさらなる敬意を払っている。

このように、日韓の「あなた」と「当身」の「敬称」に関する諸事例をまとめたのが、以下の（表３）である。

【表３】敬称の「あなた」と「当身」（J：日本語）（K：韓国語）

あなた	当身	場面	状況	人間関係	年齢	共起の用言
Ⅰ	—	(J)道	ある紳士が中年女性に道を尋ねている場面	未知の関係	紳士(60代)中年女性(50代)	－ではないですか/ないのでございますか}
Ⅱ	—	(J)家庭	子育ての終わった夫婦の会話	夫婦	60代の夫婦	－感謝しています
Ⅲ	—	(J)野球チーム部屋	国際大会に参加して優勝した野球チームに対して、野球会長の労いの言葉	野球会長と野球部員	野球会長(60代)野球部員(20～30代)	－と思います/－と思うのでございます
—	Ⅳ'	(K)舞台	若い女性が舞台で歌う場面	恋人同士	20代	－捧げます
—	Ⅴ'	(K)集い	亡き父の友人との会話	父の親友	ある人(50代)	(ある人)－高かった(案内人)－成し遂げるため

						－ご苦労をなさったのか(訪問客)－多かった
—	VI'	(K)記念館	施設の案内人が独立に大きな貢献をした人について説明をしている場面	案内人と数人の訪問客	案内人(40代) 訪問客(30～60代)	(ある人)－高かった(案内人)－成し遂げるため－ご苦労をなさったのか(訪問客)－多かった
VII	VII'	(J)教会 (K)教会	(J)日本のカトリック教会におけるミサの中(拝鈴前の信仰告白)で唱える場面 (K)プロテスタント教会の礼拝のなかで牧師が神様(イエス)に切実に願いを込めて祈っている場面	(J)司祭と会衆 (K)父の親友	(J)司祭(40代)会衆(10～70代)(K)父の親友(70代)ある人(45)	(J)－行きましょう (K)－見守り給え

（表３）でみるように、日韓両言語における「敬称」の「あなた」と「当身」においても、日韓の間には多少の差が見られる。例えば、日本語は２人称代名詞・呼称が敬称であるのに対して、韓国語の２人称代名詞・呼称はまれであり、韓国語の（Ⅳ'）唯一２人称の敬称である。また、３人称の敬称としての「あなた」と「当身」は日韓で使用されているが、韓国語においてはよく使う傾向にあり、日本語では韓国程は用いられていない。ただ、神に対する３人称やその呼称が敬称として使われているのは日韓共通で、これと共起する用言は「等称」「下称」と異なり、最高レベルの敬語を用いる。

６．おわりに

以上、日韓における人称代名詞・呼称の「あなた」と「当身」について、語用論的な観点に立ち、場面や状況、「話し手」と「聞き手」の人間関係、さらに用言の共起まで視野に入れて、口語体（対面会話）を中心に対照分析を行ってきた。つまり、架空の小説、ドラマ、そして文語体の分析ではなく、実際の生活で使われる対面会話を中心に、「等称（Formal）」・「下称（Informal）」・「敬称（Respect）」の３つに分類して考察を行った。

そこで、日韓の現代語における「あなた」と「当身」は、以下のような特徴や傾向がみられた。

まず、「等称」の２人称代名詞・呼称として用いられる「あなた」と「当身」には、日韓ともに、主として中年の人々が使う傾向にあるという共通点が見られた。ことに、家庭で使われる「あなた」は、主に妻（女性）が夫に用いることに対し、「当身」は夫婦の相互が使う。さらに、（表１）でみるように、韓国語における「等称」の「当身」は日本語に比べて使用される範囲が狭い。また、「あなた」と「当身」に共起する用言は、概ねぞんざいな言い方が自然であるが、愛情が込められている。逆に「聞き手」が多数の場合は丁寧な用言を用いる。

次に「下称」としての「あなた」と「当身」は、（表２）で分析したように、日韓で類似している。主に、相手を責めたり、叱責する場面で用いられることが多く、けなす意味合いが強い。上下・力関係によって上位の者が用いる傾向にあるが、日韓で異なる点として（四）（五）のように日本では親が子供を叱るときに、「あなた」を用いるが、韓国では同じ場面でも子供に「当身」は使わない。共起用言としては「等称」と同様、主にぞんざいなものを用いるが、けなしたり憎んだりする意味で使っている。力関係によって叱責される対象が年上の場合や品位を考慮する際には、多少の丁寧な用言を用いることもある。

最後に、「敬称」の「あなた」と「当身」においても、日韓には多少の差が見られる。（表３）で確認したように、日韓ではやや対照的で、日本語はほとんどが２人称代名詞・呼称が敬称である反面、韓国語では２人称代名詞・呼称は希である。また、日韓では３人称やその呼称が敬称として「あなた」と「当身」を用いるが、韓国語におけるその用途は日本語よりも幅が広い。その共起の用言は敬称であるだけに丁寧な言い方が自然である。ことに、神に対しては尊敬の念を抱いた最高レベルの敬語の用言を用いる。

　今後は、世代・男女間、地域差による使い方について、さらなる追究が必要であると考え、社会言語学の観点からの研究に注目したい。

注

（1）鈴木孝夫（1997：141）は日本語の２人称詞の歴史的背景について「相手を指す「きみ」「きさま」などがその例である。また「あなた」「おまえ」「こちら」「どなた」といった人を指すことばも、元来は場所や方向を表わす指示代名詞であったものを転用した、間接的に、その場にいる人を表現するという、一種の暗示的で迂言的な用法に由来している」とする。

（2）「あなた」に関して『敬語の指針』（2007：42-43）には、【20】会議の司会をしている時に、１年先輩の同僚に、「あなたはどう考えますか」と言ったのだが、「あなた」は丁寧な言葉だとは思いつつ、ちょっと違和感を覚えた。「あなた」という呼び方については、どう考えれば良いのだろうか。という設問がある。これは日本人離れした現実味のない話と言えるが、解説が明確に答えているとは考えられない。つまり、【20】において後輩（目下）が先輩（目上）に対して「あなた」を用いるのは「不適切」である。なお、「あなた」は「中立的な語感はやや冷たい」、そして「中立的な語感から離れた夫婦の間柄では親しみ」と解説している。ではなぜ、この場面で「あなた」は不適切なのか、なお「あなた」はいかなる語感を持っているのか、体系的に説明を行っていないため、本稿では「等称」・「下称」・「敬称」に分けて追究している。

（3）夫婦の呼び方については、金泰虎（2009）を参照されたい。

（4）韓国のドラマでは、若い夫婦が「当身」という言葉を使っている。この事例は、小説やドラマの架空における対話は使わないという本稿の方針を裏付けていると言えよう。一般的に韓国の若い夫婦の間は「当身」を用いない傾向にある。しかし、このドラマをサンプルにした「当身」の使い方の分析をした場合、当然、若い夫婦も使うという結論になるはずである。したがって、架空のセリフは採択せず、日常生活の「作例」を用いる理由がここにある。

（5）金泰虎（2009）を参照されたい。

（6）韓国語の「－아요－ayo/－어요－eoyo」と「－ㅂ니다－bnida/－습니다－seubnida」を区別せず、「－です/－ます」と解釈することについては、金泰虎（2012）81頁を参照されたい。

（7）（五）とほぼ同じ例文をドラマと比較してみよう。NHK 連続朝のドラマ「梅ちゃん先生」42話（愛から驚き）2102年5月19日の放送である。父の下村建造（大学病院内科の教授）その息子の竹夫が言い争いをしている。つまり、闇食料を食べようとしない父親と息子が対立する場面の対話である。

父（建造）：（大声で）お前と一緒にするな！
子（竹夫）：（父の目をまっすぐ見て）一緒にしますよ。親子ですからね。
あなたは、家族のためにも、患者のためにも、ちゃんと飯を食う義務がある！

この事例は、架空のドラマであっても日常生活の親子喧嘩（五）における「あなた」の使い方と同じである。

（8）両班という言葉に関しては、宮嶋博史（1995）を参照されたい。

第Ⅱ部　日本語と韓国語における美化語の意味機能

第６章　美化語の先行研究とその定義

１．はじめに

本稿は、日本語における美化語を敬語の範疇に入れ、尊敬語・謙譲語・丁寧語との関係を見つめつつ、「話し手」と「聞き手」の対話における名詞レベルの語彙を中心に、従来の研究では明らかになっていない、美化語とは何かを明確にしてその定義を行うことを目的とする。

従来、日本語における美化語の研究は、美化語を敬語と見なすかどうかの議論はもとより、美化語自体を否定するなど複雑、かつ多岐に亘っている。その主な原因は、美化語とは何か明確にされておらず、その定義も曖昧で、かつ美化語と他の敬語（尊敬語・謙譲語・丁寧語）との関係も定かではないためと考える。しかし、本章では美化語を敬語の１つとして認め、尊敬語・謙譲語・丁寧語・美化語という４つの分類に基づいて論を進めることにする。さらに、対話場面における「話し手」と「聞き手」の関係の中で、それぞれの敬語がどのように用いられ、いかなる語彙が美化語なのかを論証していく。

まず、美化語に関する先行研究を整理して、従来の研究がどのような問題点を抱えているのか明らかにする。さらに、美化語と他の敬語がいかなる共通性をもち、美化語とはどんな特徴を持っているのかということも追究する。ひいては、美化語を敬語に含める議論をする論拠を示し、美化語とは何か、その定義を行い、美化語の研究の課題を提示する。但し、本研究では名詞レベルの美化語を中心に取り上げて論じることを断っておく。

２．美化語の先行研究

日本語には、他の言語ではあまり例を見ないほど美化語が発達している。一般的に名詞レベルでは語頭に接頭辞の「お/ご」を付ける形で表されるケースが多い。実に、その作り方は生産的であると言える。以下の先行研究では、美化語と他の敬語との関係を念頭に入れて整理を行うことにする。

現代日本語における美化語に関する研究のきっかけを提供した先駆けとしては、松下大三郎（1930）があげられよう。松下（1930）は、現在の美化語という用語ではなく「美称」と名付け、「御茶」・「お花見」などは所有尊称の虚的用法であるとする見解を示している。

この「美称」の提唱以来、辻村敏樹（1963）は人物・事物・事柄に関する敬語を素材敬語とし、その素材敬語のうち、尊敬語・謙譲語は話題の人物の上下・尊卑のあり方についての表現であるが、そのようなとらえ方ではなく、素材を美化していうことばを美化語とする。その名詞レベルの美化語として「お天気」・「お弁当」と言ったことばを取り上げている。さらに辻村（1976）は、美化語は「話し手」の品格保持に使われ、対者を予測しない場合でも用いられることばとしており、美化語に関するさらなる補足説明を加えている。ちなみに、辻村（1976）が丁寧語と区別する意味で用いた美化語という用語は、その後、学会で広まって定着し、「上品語・品位語・品格語」とも言われている。

一方、宮地裕（1971）は、話題のものごとの表現を通して「話し手」が自分の言葉づかいの品位への配慮を表す敬語との見解を示している。つまり宮地（1971）は、美化語は事柄の表現を通して「話し手」自身の言葉づかいの品位・上品さを示し、「話し手」の言葉づかいの丁寧さを部分的に表すため、相対的に結果として「聞き手」への配慮を間接的に示す言葉となることもあるが、「聞き手」への配慮だけのものではないとしている。

そして大石初太郎（1974）は、美化語について自分の言葉を上品・きれいにする語であると定義を行った。つまり、「お茶を飲む」、「ご飯にする」、「お手洗いはどちら？」などの例をあげて、次のように述べている(1)。美化語は、話題の人や「聞き手」に敬意を表す敬語とは違う。「聞き手」への意識がないとは言えないが、自分自身の言葉の飾りと使われるものである。その意味で、尊敬語・謙譲語・丁重語とは、一線を画して区別されるものということができようとする。さらに美化語は、その性質上、一般的に男性に比べて女性のほうが多く使う。例えば男性は「めしを食う」と言えるが、女性はふつうそうは言えない。「ご飯を食べる」と言う。とくに「お」をつける言葉を女性が多く使う。ある程度、男性より女性が「お」を多く使うのは、自然のこととして認められる、としている。

また菊地康人（1994）は、敬語を尊敬・謙譲・丁寧と三分する場合の丁寧語とされてきたものには「です・ます」、「お菓子・ご飯」などがあるが、実は「です・ます」と「お菓子・ご飯」では性質が違う。「お菓子・ご飯」は、「菓子」や「飯」をいわばきれいに上品に述べる表現で、「聞き手」がなくても日記や独り言、内心の思考にも使われることがある。美化語とは、「上品」

という「待遇的意味」をもつ待遇表現ということになり、「話題の敬語」である尊敬語や謙譲語とも異なる。人によっては、ある種の美化語は使うのが当たり前のようになっている場合も多く、家族間でも使い、親が子にと怒鳴るような場合も用いる、とする。

最近、国立国語研究所(2007)は、美化語について「ものごとを、美化して述べるもの」としつつ、その該当語例として「お酒」・「お料理」を取り上げている[(2)]。さらに、その解説では、例えば「お酒は百薬の長なんだよ」と述べる場合の「お酒」は、尊敬語である「お導き」・「お名前」などとは違って、「行為者」や「所有者」を立てるものではなく、謙譲語Ⅰの「(立てるべき人物への) お手紙」などとも違って、「向かう先」を立てるものでもない。謙譲語Ⅱや丁寧語とも違って、「相手」に丁重に、あるいは丁寧に述べているということでもない。上記の例文に用いられているような「お酒」は、「酒」という言い方と比較して「ものごとを、美化して述べている」と見られる、とする。

さらに国立国語研究所(2007)は、この「お酒」のような言い方は、その意味で狭い意味での敬語とは、性質の異なるものである。だが、「行為者」、「向かう先」、「相手」などに配慮して述べるときには、このような言い方が表れやすくなる。例えば、「先生は酒を召し上がりますか」や「先生、酒をお注ぎしましょう」の代わりに、「先生はお酒を召し上がりますか」や「先生、お酒をお注ぎしましょう」と述べる方がふさわしい。こうした点から，広い意味では，敬語と位置付けることができるものであり、この種の語は、一般に「美化語」と呼ばれていると記す。

一方、外山映次（1977）は、美化語とは何かという問題より、美化語があるという前提の上で、その使う担い手に関して、大石初太郎（1974）の見解を継承している。また、美化語の歴史を鎌倉時代や室町時代にまで遡って、女性が接頭辞「お」付けの言葉を使っていたと述べている。接頭辞「お」については、やはり女性語との関係が深い。「お」と女性語というと、鎌倉時代、禁裡の女官の間から発生してきたとされる女房詞を無視するわけにはいかない。室町時代では、おおむね「おん」に代わって「お」が勢力を得ていたようである。女房詞関係資料には貴人の生活（飲食・器物など）に関することばが多いため、当初は尊敬語としての性格が強かったと思われるが、一般庶民の言語生活に入りこんでいくに従い、次第に丁寧語（美化語）化していったと思われる。江戸元禄時代の『女重宝記』(1692年成）の言葉は、女房詞の影響を受けつつも、女性特有の丁寧語（美化語）として受けとめられていった。これは、「お」の使用過多という現象として現代にもひきつがれることである。女性が過度に「お」をつける傾向は、すでに室町時代末期から、江戸時代初期にかけて、相当に一般化した、としている。言い換えれば、歴史的に見て美化語の使用主体は女性が牽引役を果たしており、それが今日まで至っているとのことであろう。

しかし、このような先行研究の見解とは対立して、もう一方では美化語を全く認めない研究もある。萩野貞樹（2005）は、美化語の用語や存在自体を否定し、従来の研究における美化語は尊敬語であると見なしている。萩野（2005）は美化語の先行研究に対して、尊敬語と言わないし、丁寧語とも言わない、そして謙譲語としても言わず、ただ自分の言葉を上品に飾るための言い方に過ぎない。従来、美化語と言われるのは、尊敬語である。「お」付けの例えば「お米」、「ご飯」と言ったものは、感謝の念をもっていただいており、まずは父母の恩、お百姓さんへの感謝、流通や販売と言った会社組織、また天地自然の恵み、さらに神仏の加護、こうしたものがあって初めてご飯は私たちの口に入るという思いは、別に宗教とは関係なく共通する感覚である。だから美化語ではなく、尊敬語と見なすべきと強く主張している。

3．問題の所在

美化語に関して、これらの多岐に亘る先行研究を有してはいるが、未だに美化語とは何か、明確ではなく他の敬語との相違点も曖昧である。但し、美化語の存在を否定する見解以外の諸研究では、美化語は品位を表す言葉であるという認識だけは共通していると言える。以下では、美化語とは何か明確にされていない問題の所在を把握して行くが、この試みは問題点を克服するために欠かせないことと考える。

辻村敏樹（1963）は、素材敬語の範疇に美化語を入れており、そこに美化語に加えて一般的に尊敬語と呼ばれるのを「上位主体語」、そして謙譲語を「下位主体語」とする３つの分類を示している。しかし、材料となる人や物について語る言葉を素材としているが、美化語を素材に見なす理由やその定義が明確ではない。そのため宮地裕（1971）は、辻村（1963）の美化語に関する曖昧な点についての克服を試みている。この宮地（1971）の美化語に関して

「話し手」自身の言葉づかいの品位を表すことや、「聞き手」への配慮はあるが、それが中心的な役割ではないこと、つまり「話し手」と「聞き手」の関係の中から美化語を明確にしようとした意図は大いに評価できる。しかし、「話し手」と「聞き手」が美化語をどのように用いるのかについては、詳細な追究が及んでいないと言えよう。

さらに菊地康人（1994）は、美化語は尊敬語や謙譲語と異なるとしつつも、待遇表現という観点から美化語を理解しているが、そこに問題があると考える。つまり、「聞き手」への配慮が弱いという宮地（1971）の見解に反する主張である。しかし、国立国語研究所(2007)は、美化語について相手や「聞き手」に配慮するという意味合いで記しており、宮地（1971）と菊地（1994）を融合する形の見解を示していると言えよう。

このように、いずれの研究においても自説と矛盾するような他の見解については明確な答えを避けつつ、それぞれ別個に美化語に関する主張をしており、日本語における美化語の位置付けが明らかになっていない現状と言って過言ではない。美化語の否定論を繰り広げている萩野（2005）の見解は、裏を返せば日本語における美化語の位置づけの弱さを表していると言える。

4．美化語の定義

すでに、整理してきたように先行研究では、美化語は品格を表すということ以外に、統一した見解は示されていない。そこで、美化語とは何かを明確にするため、「話し手」と「聞き手」の視点、つまり両者の対話の中で、どのように使われるのが美化語なのかという観点からアプローチをしていく。つまり、他の敬語と美化語の特徴を踏まえて「話し手」と「聞き手」の対話から美化語の根拠を示し、その定義を行うことにする。

一般的に敬語が使われる文の構造上のことであるが、尊敬語は名詞・用言・助詞、謙譲語や丁寧語は用言、美化語の多くは名詞レベルで用いられている。特に、尊敬語の助詞は日本語ではごく限られた場面で用いられる反面、韓国語ではその用途が広い。ちなみに、美化語は日本語には非常に発達しているが、韓国語ではほとんど発達していないことを記しておく。

以下では、敬語に美化語を含める理由、そして美化語の定義を行うため、それぞれの場面における尊敬語・謙譲語・丁寧語の会話も含めて分析を行う。

＜尊敬語＞

部長：来週の幹部会議にご出席なさいますか。
社長：出席したほうがいいかな。

まず、対話場面での「話し手」と「聞き手」について明確にしておきたい。最初に話しかける人が「話し手」、一方、傾聴する側が「聞き手」である。この「聞き手」が、逆に話し出すと「話し手」となり、最初に「話し手」だった人は「聞き手」に回ることの理解が必要である。

この上記の会話における部長の言う「ご出席なさいますか」は「ご出席」という名詞に「なさる」を付ける形の尊敬語である。「聞き手」の社長に配慮する言い方で、社長が「話し手」になったときは、自分のことについて「ご出席なさる」と言うのは相応しくない。尊敬語の「ご出席なさる」は「話し手」の部長が「聞き手」の社長に関することにしか使うことのできない一方向性をもつ言葉である。

この一方向性というのは、「話し手」が「聞き手」に関する事柄を言うときにしか使えず、「話し手」自身に関することには用いることができないということである。例えば、部長は「聞き手」の社長に対する事柄について「ご出席」と言えるが、社長が「話し手」になったとき、自身に関して「ご出席」とは言えないという意味の一方向性である。特に、上のような場面では、社会的な地位が高いことが明らかであるため、尊敬語を使うわきまえが必要であろう(3)。

本研究における「わきまえ」というのは、使わないといけない、つまり使わないと非難されたりする可能性の高い言葉づかいに関して、非難されないよう適切に使う意識、そして「話し手」が自身の品も念頭に入れたことを前提にした意味である。つまり、わきまえは相手を意識することであり、自身の品をアピールする意識でもある。

井出祥子（2006）は、わきまえをミクロとマクロのレベルに分けて述べている。前者は丁寧語使用などの人間関係や場面に応じて何をどう使うのかに関する期待される共通認知習慣、後者は社会的地位や役割、そして話し手の地理的な出自に応じて言葉を選ぶということである。本研究におけるわきまえは前者と後者を含めた定義であり、大きな相違はないが、厳密に言えば多少の差はある。井出（2006）では、自分の社会的立場による相手に配慮した相手意識は明確に述べられていないものの、自意識に関しては具体的に言及されていない。本研究では自身の品位を保ちアピールするという自意識も含む。

一般的に尊敬語を使うと品格が漂ったりするが、上の部長の話では「話し手」の品格はあまり感じられない。それは「聞き手」の社会的地位が高いということで、尊敬語を用いるのが当たり前という認識があるためと考えられる。逆に、上の場面で社長が「話し手」の立場になったとき、部長に対して尊敬語を使うと、格段と「品格」を感じさせるのである。

＜謙譲語＞

社長：月曜日の出張は誰が行きますか。

部長：私がまいります。

部長の「まいります」という謙譲語は、自身の行為にだけ使うことができ、相手のことについては用いることのできない一方向性の特徴をもっている。つまり、ここでの一方向性は「話し手」が自分の事柄についてしか使えないという意味の一方向性である。場面によっては尊敬語と同様、謙譲語を使わないと非難されることもあるため、わきまえは必要である。もちろん、上記の対話では部長が「行きます」と言うこともできよう。状況にもよるが、上下関係が厳しい会社社会におけるこの場合では、「まいります」と言うのが一般的であろう。部長の「参ります」という謙譲語は、自分を謙って品格を漂わせる感じである。それは、「行きます」という答えも許容範囲だからかも知れない。

＜丁寧語＞

平社員（A）：明日、東京の取引先に寄りますか。

平社員（B）：そのつもりで東京に向かいます。

ほぼ同年代の平社員が同じ職場で働いていても、あまり親しくない場合は、一般的に互いに丁寧語を使う。この観点に立って上記の対話を観察すると、平社員（A）と（B）の双方が丁寧語を使っており、双方向性の側面が見える。つまり、平社員（A）や（B）がそれぞれ「話し手」になったとき、丁寧語でもって話をしている。

一般的に社会的地位が上の人や年上の人に対して、そして地位や目上・目下とは関係なく初対面の場合は丁寧語を使う。さらには、初対面ではなくても、上記のように親しくない間柄においても丁寧語を用いるのである。これらの場面を含めて、丁寧語を使わないといけない場合において丁寧語を使わないと、相手に失礼をすることになる。なお、非難されることもありうる。もちろん、丁寧語を含む敬語の機能においては、品を保つことはもとより距離感を感じさせることもある。敬語を使わなくて構わない場面で使うのは、品格よりもむしろ距離感に充ちた言い方である。上記の対話では、ぞんざいな言い方よりは、品格が感じられる一方、両者における距離感も感じられる。明確に丁寧語を使わなくていい場面、つまり自分の子供と普段の会話をするのに丁寧語を連ねると、むしろ違和感さえ漂う。その意味で、丁寧語における双方向性が必ず成立するとは限らない。

＜美化語＞

社長：このお弁当食べますか

部長：はい。昨日、そのお弁当を食べたら、とても美味しかったです。

この会話における「お弁当」という語彙は敬語の機能的側面から見て、菊地康人（1994）が指摘したように「－です」・「－ます」とは違うのは確かである。上記の対話における社長や部長の同じ関心事の話題である「お弁当」という言葉は、それぞれが「話し手」に回ったとき、両者がともに用いることのできる双方向性がある。繰り返しになるが、尊敬語は「話し手」が「聞き手」に関する事柄しか言えない一方向性、そして謙譲語は「話し手」自身に関することしか述べられない一方向性がある。しかし丁寧語は、双方向性が見られるが、一方向性が必要な場面もある。これらの方向性に照らし合わせると、美化語は丁寧語における方向性に合致する部分がある。

また、上記の会話において社長と部長の誰もが「お弁当」の代わりに「弁当」を用いて非難されることはあまりない。そこに美化語と丁寧語の差がある。つまり、そこには「話し手」が「聞き手」に対して用いられるかどうか、尊敬語・謙譲語・丁寧語よりは、その選択が比較的に自由であり、それは「任意性」が働いていることと言える。ここで言う任意性は、使わないから非難されたりする要素が少ないため「話し手」が比較的自由に選んで用いることを意味する。一方、「話し手」が使っても自身の品が格段と上がることより品を意識させる程度である。その意味で「お弁当」、つまり美化語は社会的わきまえの程度が低いため、会話における言葉選びには比較的に自由がある。とは言っても、「聞き手」を意識せず、全く配慮していない恣意的な言葉ではない。美化語においては、その程度が弱いだけと考えられる。

上記の諸対話において、美化語のみならず尊敬語、謙譲語、丁寧語を用いた場合は用いないよりも「品格」が漂うことは確かである[(4)]。つまり、尊敬語、謙譲語、丁寧語、美化語を用いると、「話し手」の品が感じられるのである。

以上のように、尊敬語、謙譲語、丁寧語と美化語をともに分析することによって、先行研究では明確な定義が行われてこなかった美化語について、対話の中で「話し手」や「聞き手」がどのように用いる言葉なのかという観点で特徴が明らかになったと考える。

要するに、尊敬語、謙譲語、丁寧語、美化語の使用可能な方向性、つまり「話し手」と「聞き手」との間に使うことができる方向が決まっているわけである。尊敬語は「話し手」が「聞き手」に関することに限ってのみ使うため一方向性を示す。さらに、謙譲語も一方向性は見せているが、「聞き手」自身のことを謙る意味で使うのである。一方、丁寧語は「話し手」や「聞き手」の間に「双方向性」が見られ、同じく美化語も同じ話題の言葉について「話し手」と「聞き手」が共に用いる双方向性がある。丁寧語と美化語の共通する部分があるということは、異なる属性ももつものであることも意味している。すなわち、美化語は丁寧語と関連性が深く、それが段々と強くなり、少しずつ独立し、発達したものと言えよう。

取りも直さず、用いないと非難される可能性、わきまえを強く意識しないと行けないのは、尊敬語、謙譲語、丁寧語である。ことに、「話し手」と「聞き手」の上下関係が明確な場合はなおさら使わない場合は非難の度合いが強い。しかし、美化語とは、使うと「品格」が漂い、「話し手」や「聞き手」の地位や上下関係に関係なく両者が使える「双方向性」があり、用いないからと言って非難される可能性も低い「任意性」に満ちた、そして弱いわきまえの水準に留まっている言葉であると定義できる[(5)]。この「任意性」は、美化語に見られる大きな特徴と言えよう。とは言え、人間が言語生活をしていく中で、「聞き手」を意識して言葉を選ぶのは否定できない。また敬語を用いると、品格が漂うと述べてきたが、尊敬語・謙譲語・丁寧語と美化語の品は多少異なることもあろう。この点については、稿を改めて論じたい。ちなみに益岡隆志（2007）は、日本語のモダリティ研究において敬語の主観性をいっているが、この「任意性」は主観性と類似するところがあると考える。

萩野貞樹（2005）の美化語否定論、つまり従来、言われている美化語は尊敬語であるという論理は、尊敬語・謙譲語・丁寧語・美化語の特徴に照らし合わせつつ、「話し手」や「聞き手」の対話の中で、それぞれの言葉がいかに用いられるのかに注目した上記の分析に基づけば、否定せざるを得ず、美化語の存在は明白であろう。

5．美化語とその課題

美化語は、使うと「品格」が漂い、社会的地位や上下関係に関わらず「話し手」と「聞き手」が共に使える「双方向性」があり、用いないからと言って非難される可能性も低い「任意性」に満ちた、そして弱いわきまえの水準に留まっている言葉である。この明確にしてきた定義通り、美化語が説明できるか、実例を示しつつ、その変化や変容について問題提起と課題を明確にしたい。

美化語には「ご」の付くものがいくつかあるが、「お」の付くものが圧倒的に多い。菊地康人（1994）は、「お茶」「おソース」のように漢語・外来語にも「お」が付くケースがある。美化語にをどの程度使うのかについては男女差があるが、それとともに個人差が大きい。言語生活歴などによって、よく使う環境で育った人と、そうでない人とではかなり違うようだし、方言差もあろう。といって、よく使いがちな人があまり使わない人を「言語が乱暴だ」と批判的な目で見たり、逆に、あまり使わない人が比較的よく使う人のことを「おかしい」と笑ったりするのは、あまりよくないことではないように思う。としている。

さらに菊地（1994）は、「お/ご」の付く美化語について分類を行っているが、以下の①②の形態を取り上げている。

① 一つの語になっていて、「お/ご」を取り払うと語として事実が成り立たないもの。
＜事例＞：おかず、お辞儀、おしめ、おてんば、お腹、お化け、ご破算、ご飯、ご馳走、お仕置き

② 付かない形も語として成り立つが、付いた形はこれとは多少とも違った意味で使わ

れるもの（付くことで意味が転化したり、特定の狭い意味・ニュアンスをもって使われたりするもの）

＜事例＞：おかわり、お三時、おしぼり、おしゃれ、お粗末（－なお仕事ぶり）、お目玉、おめでた、お安い、お冷

菊地（1994）が示す上記の美化語の中でも「お/ご」を取り払うと、①のように１つの語彙として使われる傾向のあるもの、そして②のように意味合いが変わったり、あるいは別の意味になるものがある。さらに、大石（1974）や菊地（1994）、そして外山（1977）は美化語の使用主体には男女差があり、女性の使用が圧倒的に多いのは確かであると指摘している。しかし、性別だけではなく、年代にも、地域的にも、家庭毎にもその差はあると言える。

すでに、定義を行った美化語の観点に立つと、これらの語彙は双方向性、任意性、品格、わきまえを必要としないことの条件は満たしている。しかし、美化語の条件は満たしているが、品格とは考えられず、一般の名詞のように使われている語彙もある。それは美化語の機能の変化と言えよう。

以下では、家庭でよく耳にすることのできる美化語を取り上げ、菊地（1994）が指摘してきた語彙以外の語彙の中で、もはや美化語とは言いにくい語彙はどんなものがあるのか、検討してみることにする。

・食べ物関係

お茶、お菓子、ご飯、おかず、おでん、おつまみ、おやつ、お醤油、お酢、お砂糖、お味噌、お野菜、お味噌汁、お米、お出し、お肉、お弁当、おにぎり、おぜんざい，おしるこ、お水、お冷、お湯、お白湯、お大根、お揚げ

・食事関係

お皿、お箸、お鍋、おしぼり

・水場や排泄関係

おしめ、お風呂、お手洗い、お便所、おしっこ、おむつ、お水場

・身体関係

お尻、お腹、おへそ

・その他

お金、お布団、お嫁、お辞儀、お祝儀、お祝い、お化粧、おしゃべり、お財布、お利口、お休み、お庭、お家、お散歩、お手入れ、お遊び、おさらい、お店、お買い物、お洋服、お机、おはきもの、おつかい、お釣り、お正月、お盆、お料理

上記の家庭で使われる美化語の中で、特に食べ物の「お茶」、「お菓子」、「おつまみ」、「ご飯」も、もはや美化語ではなく、１つの一般名詞として定着し

つつあると考える。というのは、「お/ご」を外して、その意味は通じるが、若干、不自然なニュアンスになる。これらの語彙は、定義してきた美化語の「任意性」や「品位」の条件が欠落しかけている。但し、「ご飯」は、その代わりに「めし」と言うこともあるが、一般的とは言えず、前者よりは後者が「品位」は保っている。

一方、「おにぎり」、「お腹」、「おさらい」、「お釣り」も「お」を付けた美化語よりは１つの単語として見なされている。この場合、「お/ご」を外すと、本来とは異なる意味合いになる。但し、「お腹」の場合は、接頭辞の「お」を除くと「はら」と言うため、意味は通じると考える。この身体に関する語彙は、室町時代に宮中の女官たちが使ったのが発端でもあり、現代に至って使われていることばである。他にも「おへそ」や「お尻」といった身体部位に関することばも「お」を付けていうのが、一般化されている美化語と言えよう。

ところが、「おアルバイト」、「お怠け者」などに「お」を付けても必ずしも美化語として使えるとは言えない。本来、外来語には「お」をつけるのは不自然であるが、お店の人が客に対して、「おコーヒー」、「お紅茶」、「おビール」といった語は、その使用が許容される傾向にあると考える。

このように、美化語がもはや美化語としての機能を果たしているとは考えられない語彙も存在しているため、稿を改めて論じることにしたい(6)。さらに、形容詞に付く「お」などを含めて、「お」の付く語がどこで使えて、どのあたりで使えないかについては、多少疑問も残る。どんな語が美化語になり得るか、さらに綿密に整理をする必要があると考える。

６．おわりに

美化語に関する先行研究では、美化語を敬語の範疇に入れるかどうかの議論をしつつも、その定義が明確になってこなかった。そこで、本章では尊敬語・謙譲語・丁寧語と美化語を照らし合わせつつ、対話の中で「話し手」と「聞き手」がどのおうに使用するかという使い方の特徴を示し、美化語とは何かを明確に示してきた。

元来、名詞レベルの美化語は、一般的に「お/ご」を付ける。その美化語には、「ご」の付くものもあるが、「お」の付くものが圧倒的に多い。まず、美化語の使用主体は、大石（1974）や菊地（1994）、そして外山（1977）が言うように女性であるが、それとともに個人差も大きいと考えられる。言語生活歴などによって、よく使う環境で育った人と、そうでない人とではかなり違って、方言差もあるのは確かである。さらに、宮地（1971）は美化語の接頭辞「お」は、固定化したものと限らず、かなりの生産性を持っているが、尊敬語の接頭辞「お」ほどに生産性の高いものではないとする。

本章では「話し手」や「聞き手」の対話から尊敬語・謙譲語・丁寧語、そして美化語のそれぞれの特徴を分析して、美化語とは使うと「品格」が漂い、「話し手」や「聞き手」の地位や上下関係に関係なく両者が使える「双方向性」があり、用いないからと言って非難される可能性も低い「任意性」に満ちた、そして弱いわきまえの水準に留まっている言葉であると定義した。

何よりも対話の中で「話し手」や「聞き手」の用いる尊敬語・謙譲語・丁寧語、そして美化語のそれぞれの特徴を比較しつつ、美化語の定義を行ったのは、従来では行われてこなかった手法と言える。その結果、美化語は丁寧語と共通する部分もあり、これは美化語が丁寧語から生まれて派生した敬語という属性が強いからと考える。

最後に、本稿で定義してきた美化語の特徴に基づいて鑑みた場合、その定義を満たさない言葉も現れる。これは美化語の機能変化と言えるが、今後の研究課題にしたい。

注

（1）本稿は名詞レベルの議論であるが、動詞レベルの大石初太郎（1974）の見解は次の通りである。「行儀よく食べる」における「食べる」は、今日では普通の言葉で、とくに美化語とは意識されないかもしれないが、男性の言葉としては「食う」を普通語と考えることができるので、「食べる」は美化語とすることができよう。「いただく」は、本来、「もらう」の意味の謙譲語だが、「食べる・飲む」の意味の美化語として使われる。一部には、この美化語の用法を正しくないと批判する人もいる。近ごろ、「金魚にえさをあげる」とか、「うちのこどもは本を買ってあげても、さっぱりよまないのよ」とかいうふうに「あげる」を使うのを、しばしば耳にする。これも美化語として使われているものと解される。しかし、この「あげる」の美化語の用法には、「いただく」のそれ以上に、批判が強い。これらはまだ適当な使い方と認められないだろうとしている。

（2）前掲第1章の国立国語研究所（2007）「巻末資料　敬語の方針（抄）平成19年2月2日文化審議会答申」『新「ことば」シリーズ21　私たちと敬語』や文化庁のホームページを合わせて参照されたい。

（3）英語の認識を絡ませたわきまえに関しては、井出祥子（2006）を参照されたい。

（4）大石初太郎（1974）は、尊敬語・謙譲語・丁重語は話題の人や「聞き手」に対して敬意を表すもので、美化語と区別されるが、実際には美化語と同様、自分の品位のために使われることもある。なお、「お」は尊敬語にも美化語にも使われるが、「お住いはどちら？」の「お」は尊敬語、「お人形におくつをはかせよう」の「お」は美化語であるとしている。

（5）従来、韓国語には美化語が存在しないという見方が一般的であったが、第8章では日本語における美化語の基準に基づいて、韓国語における美化語の存在を追究している。

（6）この方向性とは異なる、つまり尊敬語が美化語の機能を果たす派生について、第7章で論じている。

第７章　日本語における接頭辞「御」の付く語彙について
—「ミ」の派生の諸側面—

キーワード：御（ミ）、御（オン）、御（ギョ）、御（ゴ）、御（オ）、敬語、尊敬語、美化語

１．はじめに

本稿は、日本語における接頭辞「御」（ミ）の付く語彙に関する使い方を分析しつつ、必要に応じて「ミ」と深く関わっている「オン」・「ギョ」・「ゴ」・「オ」も取り上げて、その「ミ」の機能変化について追究することを目的とする。

日本語の接頭辞「御」には、訓読みとして「オン」・「オ」・「ミ」、漢音読みとして「ゴ」、そして呉音読みとしては「ギョ」の５つの読み方がある。これらの読み方は使い方によって、尊敬語や謙譲語、そして美化語の機能に分けることができる。

土井忠生（1969）は接頭辞「御」に関して、次のように述べている。「ギョ」・「ゴ」は字音語、「ミ」・「オン」・「オ」は固有語につく。「ギョ」は「ゴ」より敬意が高く、「ギョ」は主上・法皇に用い、臣下では関白に限られた。「オン」・「オ」は「ゴ」に、「ミ」は「ギョ」に類似しているが、室町末期に「オン」は書き言葉か、あるいは説教などの重々しい言い方の話、そして「オ」は日常会話の中に用いたとされる。さらに榊原邦彦（2004）は、主に「ミ」は名詞に付いて尊敬を表す接頭辞であるとしている。

一方、『デジタル大辞泉』（2011）では、「ミ」は「神仏・天皇・貴人など尊敬すべき人に属するものであることを示し、尊敬の意を添える」としている。要するに、尊敬の意を表す接頭辞の「ミ」・「オ」・「オン」・「ゴ」・「ギョ」の中でも、ことに「ミ」は特別なことに関する敬意を表すとして他の接頭辞とは区別されている。しかし、神仏・天皇・貴人に関するどんな事物に付けるのか、その具体性は乏しい。また、「ミ」が神仏・天皇・貴人に関することに付けられるとして、現在でも同様に使われているのか、その使い方や機能に関しても明確ではない。

「ミ」は、どのような語彙につけるのかについて榊原邦彦氏（2004）は、本来、和語や和語化した漢語にも付き、文語に多く用いられる。今日は特定

の語に付くが、「オ」よりは「ミ」のほうが品位があり、詩的であるとしている。さらに辻村敏樹（1968）は、前近代にまで遡って、「御」の読み方を調べている[(1)]。しかし、文禄期における書物の中にみる「御」の読み方である「ミ」・「オ」・「オン」・「ゴ」について調べてはいるものの、どんな語彙に対して「ミ」と読んだのか明確な結論は出していない。

そこで本稿では、このような先行研究の成果を踏まえつつ、現代日本語において敬語の意を表すとされる接頭辞の「ミ」を用いる名詞の語彙を中心に考察を行う。果たして、「ミ」は尊敬語にしか付かないものなのか、さらに「ミ」が品位だけを意味するのか、その意味機能に着目して追究を行うことにする。

２．接頭辞「御」の機能と前近代の「御」

２－１．接頭辞「御」の機能

日本語における接頭辞「御」の「オ」・「ゴ」・「ミ」・「オン」・「ギョ」は３つの機能、つまり尊敬語・謙譲語・美化語の役割を果たしている。

まず、接頭辞「御」が付いて尊敬語の機能を果たしている語彙を幾つか取り上げると、以下の通りである。

①　ゴ結婚

②　オ身体

③　オン中

④　ミ意図

⑤　ギョ園

相手を敬う時や品のあるしゃべり方には、①～⑤の接頭辞を用いるが、今日の日常生活における会話の中でよく使われるのは①・②・③の接頭辞である。一方、④・⑤の「ミ」・「ギョ」という接頭辞は、あまり用いられない。これら①～⑤の他にも数多くの「オ」・「ゴ」付けの尊敬語があるのは言うまでもない。

次に、接頭辞「御」が付き、謙譲語の意味合いとして使われる語彙を以下に挙げる。

⑥　オ手紙

⑦　オ返事

⑧　ゴ無礼

⑨　ゴ迷惑

⑩　ゴ挨拶

これらの謙譲語の接頭辞「オ」・「ゴ」は、その次に続く用言が重要な役割を果たす。つまり、⑥〜⑩は「－致します」・「－申し上げます」・「お－します」を付けてこそ謙譲語となる。

そして、以下の単語は接頭辞「御」を付けると、美化語になる。美化語とは、同じ事柄の語彙について「話し手」や「聞き手」が目上・目下に関係なく共に使えるという「双方向性」を持ち、用いないからと言って非難されることはなく「話し手」の意向次第であるという「任意性」を持っていることが、その特徴である(2)。

⑪　オ寿司

⑫　オ皿

⑬　オ醤油

⑭　オ箸

⑮　ゴ飯

この⑪〜⑮を含む美化語の機能を果たす現代日本語の接頭辞「御」には、主に「オ」・「ゴ」が用いられるが、「ゴ」よりは「オ」が圧倒的に多い。日常生活の中で「オ野菜」・「オ布団」・「オ庭」・「オ買い物」など数多くの語彙が散見される。

このように、「御」(「オ」・「ゴ」・「ミ」・「オン」・「ギョ」)は尊敬語・謙譲語・美化語の機能を果たす接頭辞である。ことに、現代の日本語においては主に「オ」・「ゴ」が、尊敬語・謙譲語・美化語の役割を補っており、残りの「ミ」・「オン」・「ギョ」は専ら尊敬語の機能だけを果たす傾向が強いと言えよう。以下では、「ミ」を中心にさらに詳しく考察を行っていくことにする。

2－2．前近代における「御」の付け方

前近代『天草本伊曾保物語』(文禄2＜1593＞年刊)、『天草本平家物語』(文禄3＜1594＞年刊)、『吉利支丹教義』(文禄元＜1592＞年刊)において、「御」に相当する敬語接頭辞は、どのような形で現れたのか、辻村敏樹(1968)の研究成果を簡単に紹介して、問題点を指摘することにする。

この3つの史料の特徴について、辻村は『天草本伊曾保物語』は当時の話しことばをもっともよく反映し、『吉利支丹教義』は純然たる当時の書きことばで、『平家物語』は両者の中間的存在であるとしている。これらの書物にお

ける敬語接頭辞は、（表１）の通りであり、○印は用例があって、×印は用例のないことを意味する。

（表１）『天草本伊曾保物語』・『天草本平家物語』・『吉利支丹教義』における敬語接頭辞の用例

接頭辞	『天草本伊曾保物語』（文禄２＜1593＞）	『天草本平家物語』（文禄３＜1594＞）	『吉利支丹教義』（文禄元＜1592＞）
オン	○	○	○
オ	○	○	×
ミ	×	○	○
ゴ	○	○	○

この３つの書物の中で、『天草本伊曾保物語』だけは「ミ」の用例がなく、他の書物には用例が散見される。

辻村は「ミ」の読み方の言葉は、「ミカド」「ミス」など限られた和語・漢語であるとしている。前者の「御門」（ミカド）は天皇の位やその尊称、後者の「御簾」（ミス）は宮殿や神殿に用いるすだれである。『天草本平家物語』における「ミ」付けの用例は、以下の通りである。

＜和語＞
(a) 足
(b) 輿
(c) 山
(d) 代
(e) かど（門）
(f) す（簾）
(g) たらし（弓）
(h) ゆき（行）

＜漢語＞
(i) 棺
(j) 教書
(k) 堂

さらに、『吉利支丹教義』における「ミ」付けの用例は、次の通りである。

＜和語＞
（A）代

（B）国
（C）言葉
（D）名

<漢語>
（E）棺
（F）弟子

辻村が調べて取り上げている上記の『天草本平家物語』における「ミ」付けの語彙の中で（a）御足（ミアシ）は、天皇家の人の足であろう。そして、（b）御輿（ミコシ）は天皇と関わる語彙で後ほど言及する。さらに、（c）御山（ミヤマ）は天皇が登った山、（d）御代（ミヨ）は天皇の在位や治世、（i）御棺（ミカン）は天皇や貴人の遺体を入れる棺、（j）御教書（ミキョウジョ）は主人の意を奉じた日本中世における一つの文書様式、（k）御堂（ミドウ）は仏像を安置した建物や神の宿る建物である。特に、御代（ミヨ）と御棺（ミカン）は、次の『吉利支丹教義』にも共通して見られる読みである。しかし、『吉利支丹教義』における意味合いは、イエスがその主体と言える。

ところで、『吉利支丹教義』だけにみる読みとしては、（B）御国（ミクニ）、（C）御言葉（ミコトバ）、（D）御名（ミナ）、（F）御弟子（ミデシ）であるが、これも御（ミ）の主体はそれぞれイエスであると考えられる。

今日の「ミ」に関する一般的な説明である「神仏・天皇・貴人など尊敬すべき人に属するものであることを示し、尊敬の意を添える」（『デジタル大辞泉』(2011)）ということに鑑みると、『吉利支丹教義』と今日のキリスト教における「ミ」の語彙を検討する必要もあろう[(3)]。なお、（表1）で見るように書物によって特定の「御」の読み方が現れないのは、和語か、あるいは漢語かの語彙の性質やその語彙の頭音が関わっていることもあり、「御」の読み方が完全に確立していないこともありうると考える。何よりも「御」をつける対象によって、その読み方が変わってくるということは間違いない。つまり、同じ語彙をもって異なる「御」の読み方をしていることが、それを間接的に物語っていると言えよう[(4)]。

3．接頭辞「ミ」付けの尊敬語

現代日本語の中で接頭辞「ミ」は、「神仏・天皇・貴人など尊敬すべき人に属するものであることを示し、尊敬の意を添える」、つまり尊敬語になるとされる。その具体的な語彙の実例を取り上げてみることにする。

＜天皇家＞

（1）御幸通り（ミユキドオリ）：兵庫県姫路市の地名
（2）御厨（ミクリヤ）：大阪府大阪市東大阪市の地名
（3）御影（ミカゲ）：兵庫県神戸市東灘区の地名
（4）御輿（ミコシ）：天皇の乗る輿
（5）御子（ミコ）：天皇の子
（6）御代（ミヨ）：天皇の治世やその在位期間
（7）御陰（ミカゲ）：天皇から受けた恩恵
（8）御簾（ミス）：宮殿に用いるすだれ
（9）御厳（ミイツ）：天皇の威光
（10）御言葉（ミコトバ）：天皇の言葉

（1）御幸通り（ミユキドオリ）における御幸（ギョコウ）は「ミユキ」とも読む。（2）御厨（ミクリヤ）は古代・中世に皇室に神饌の料を献納するため設けられた所領である。しかし、今日の（1）や（2）は、元来の意味ではなく、記しているように地名（固有名詞）となっている。これらの地名は全国に散在している。そして、（3）御影（みかげ）も天皇ゆかりの地名である。この「御影」は、神功皇后が姿を映して化粧した「沢ノ井」があることから由来している[5]。

一方、天皇を映した写真や肖像画の意味合いとしては、次の御影（ギョエイ）もある。また、天皇家ゆかりのことは、すべて「ミ」ではなく、「ゴ」も使う。つまり、今日の御所（ゴショ）・御前（ゴゼン）・御殿（ゴテン）が取りあげられよう[6]。そして、（7）御陰（ミカゲ）であるが、今は一般的には「オカゲ」と言われており、天皇の前でも同じく「オカゲ」に「様」を付けて「お陰様」を用いると考えられる。

さらに、（10）御言葉（ミコトバ）は天皇の言われた言葉である。しかし今日においては、例えば「天皇・皇后両陛下が京都へ　妙心寺をご訪問」[7]、そしてマスコミ各社は毎年の新年に「天皇は御言葉（オコトバ）を述べられました」と報じている。

このように、今日では天皇家であっても接頭辞の「ミ」を付けるのではなく、一般的に「オ」・「ゴ」を付けている[8]。さらに、天皇家に関して「ミ」を付けるのは固有名詞化しているか、あるいはあまり用いなくなって死語化する傾向にあると言える。

＜公家・貴人＞

(11) 御堂関白記（ミドウカンパクキ）：平安時代に藤原道長が書いた日記
(12) 御室（ミムロ）：貴人のお住まい
(13) 御台盤所（ミダイバンドコロ）：貴人の妻を敬っていうこと
(14) 御先（ミサキ）：貴人の先払い
(15) 御影（ミカゲ）：神の霊魂

この（11）御堂関白記（ミドウカンパクキ）は、平安時代の摂政太政大臣である藤原道長が書いた日記である。ここで、「ミ」という接頭辞が確認できる。(12) 御室（ミムロ）は、「オムロ」とも読み、今日の敬語のほとんどが接頭辞に「オ」・「ゴ」を付けるという傾向を反映していると考えられる。さらに、公家に関わる（11）の「ミ」も天皇家の（1）～（3）とほぼ同じように固有名詞化している。そして（12）御室（ミムロ）を「オ」に変えたり、さらに多くの語彙は、あまり用いない傾向、つまり天皇家に付ける「ミ」と同じく死語化している傾向にある。

＜仏神＞

(21) 御輿（ミコシ）：神霊の乗り物・神輿
(22) 御子（ミコ）：神の子・神子
(23) 御簾（ミス）：神殿に用いるすだれ
(24) 御手洗（ミタラシ）：神仏を拝む前参拝者が手や口を洗い清める所
(25) 御仏（ミホトケ）：仏を敬っていう語
(26) 御厳（ミイツ）：神の威光
(27) 御衣木（ミソギ）：神仏の像を作るのに用いる材木
(28) 御前（ミマエ）：神仏の前
(29) 御酒（ミキ）：神に供える酒
(30) 御堂（ミドウ）：仏像を安置した堂

すでに、取り上げてきた天皇家の（4）御輿（ミコシ）：天皇の乗る輿、（5）御子（ミコ）：天皇の子と、仏神における（21）御輿（ミコシ）：神霊の乗り物・神輿、(22) 御子（ミコ）：神の子・神子における「ミ」は、相通じるところがある。つまり、戦前まで天皇は現神として見なされていたことを鑑みると、天皇や神仏に関する同じ語彙に「ミ」を付けるのは不思議ではない。さらに、天孫降臨神話の観点に立って考えると、（5）御子（ミコ）は神の子とも言える。

他にも、御坂（ミサカ）、御稲（ミシネ）という語彙があるが、坂と稲に関する尊敬とは考えにくい。これらは、恐らく天皇や仏神に関わる坂と稲であろう。つまり、新嘗祭のため天皇が直接種籾を植える儀式に使われる稲が「ミシネ」であると考えられる。

＜キリスト教＞

(31) 御旨（ミムネ）：(『典礼聖歌』(1980) あかし書房：54 番)
(32) 御業（ミワザ）：(『典礼聖歌』(1980) あかし書房：393 番)
(33) 御国（ミクニ）：(「ミサ後の祈り」、日本カトリック教会)
(34) 御心（ミココロ）：(「主の祈り」日本カトリック教会)
(35) 御言葉（ミコトバ）：イエスの言葉
(36) 御名（ミナ）：(「主の祈り」日本カトリック教会)
(37) 御聖（ミセイ）：(『典礼聖歌』(1980) あかし書房：202 番)
(38) 御意図（ミイト）：(『典礼聖歌』(1980) あかし書房：202 番)
(39) 御王（ミオウ）：(『典礼聖歌』(1980) あかし書房：202 番)
(40) 御許（ミモト）：イエスのもと

上記のキリスト教（カトリック）に関する語彙（31）〜（40）の主体はいずれもイエスである。したがって、「ミ」はイエスを敬って付けているのである。(33) 御国（ミクニ）はイエスの理想が実現できている国であるが、キリスト教以外では様々な意味がある。つまり、「御国譲り」は天皇が皇太子に譲位すること、「御国言葉」は日本語の意味で、前者は皇位で後者は日本の意味になる。一方、今日の一般社会では「御国」(オクニ）というが、故郷を意味する。例えば、「お国はどこですか」という問いを耳にしたりする。

そして（35）御言葉（ミコトバ）や（40）御許（ミモト）は信者の祈りや言葉の中でよく用いる語彙である。御名が天皇の名前である場合は「ギョメイ」とする。一方、(36）のようにイエスの名前の意味としては「ミナ」という。ちなみに、カトリック教会の祈りの中では、三位一体の意味合いで「父と子と聖霊の御名（ミナ）によってアーメン」という下りがある。

仏であれ、イエスであれ、その教えは御教え（ミオシエ）であり、その姿は御姿（ミスガタ）、そして発した言葉も御言葉（ミコトバ）という。つまり、(35) 御言葉はイエスの言葉、(10) 御言葉は天皇の言葉である。さらに、仏・神様の安置されている堂は、(30) 御堂（ミドウ）といわれる。とりわけ、カトリック教会では聖堂「せいどう」、または「ミドウ」とするが、この場合「聖」が「ミ」という読みになる。

このような神仏関係やキリスト教（カトリック）においては、今も宗教儀式の中で「ミ」を付けた語彙、つまり（21）～（40）までの語彙をよく用いている。但し、キリスト教会においてイエスに関する事柄はほとんど「ミ」を付けているがマリアに関しては「ゴ」を付けている。例えば、マリアに対して保護を求める祈り[9]には、「おとめマリアよ、あなたのご保護のもとにかけより･･･（後略)」という下りがある。これは、イエスとマリアの事柄について「ミ」と「ゴ」で区別しているのである。このことは、同じ敬語の接頭辞であっても「ゴ」よりは「ミ」のほうが敬う程度の高いものであることを証明しているのではないだろうか。

＜祖霊＞

(41) 御霊・御魂（ミタマ）：祖霊を尊んでいう語

(42) 御哭（ミネ）：葬儀のとき、弔意を表して声を上げて泣くこと

(43) 御影（ミカゲ）：死んだ人の姿、または絵や肖像・みえい

(44) 御社（ミヤシロ）：死者の霊を祭る建物

この「御」（ミ）は、(41) ～ (44) のように天皇・公家/貴人・仏神・キリスト教以外、祖霊にも用いられる。

ところで、「御」（ミ）の代わりに「美」（ミ）・「深」（ミ）とも書いて、主として和語の名詞や地名に付けて褒め称えたり、語調を整えたりするのに用いる。例えば、「美山」・「深山」が取りあげられよう。そこで、「御空」は天皇、貴人、または神と関わる空、「美空」は空の美称であると考えられる。

また御里（ミサト）は、一般的に里の美称としての「美里」とも考えられるが、尊敬の里なら天皇の住まう京都である。したがって、接頭辞の「ミ」の付く語彙は、天皇・公家/貴人・神仏・キリスト教・祖霊に関わる尊敬語なのである。

榊原邦彦（2004：289）は、「翁」は語頭の音が「オ」なので接頭辞として「オ」は付かず、「ミ」が付くとしている。これは神仏・天皇・貴人という対

象ではなく、頭音によって接頭辞が変わってくる例である[10]。例えば一般的に、神社の敬称として御宮（オミヤ）と言うが、この際の「御」（オ）を「御」（ミ）とすれば「ミ」が二つ重なり、「ミミヤ」になって音韻がよくないため、「オミヤ」になったと考えられる。

＜キリスト教＞

（二一）御母（オンハハ）：マリア（「天使祝詞」、日本カトリック教会）

（二二）御父（オンチチ）：イエス（「主の祈り」、日本カトリック教会）

（二三）御一人子（オンヒトリゴ）：イエス（『典礼聖歌』（1980）あかし書房：208番）

（二四）御身（オンミ）：イエス（「天使祝詞」、日本カトリック教会）

（二五）御子（オンコ）：イエス（「アヴェ・マリアの祈り」2011年6月14日、日本カトリック司教協議会認可）

このキリスト教（カトリック）関係における（二二）～（二五）は、イエスを意味する言葉である。(31)～(40)で見てきたように、キリスト教ではイエスを敬う意味で「ミ」を付けるが、このように「オン」を付ける場合もある。それは御身（オンミ）における「オ」を「ミ」とすれば「ミミ」になるため、音韻的なことが働き、「オン」になったと考えられる。なお、イエスは神の子であるが、御子（ミコ）ではなく、御子（オンコ）と名付けているのは、天皇家（5）や仏神（22）における御子（ミコ）と区別するため、「オン」を付けたものと考えられる。つまり1549年、ザビエルが日本にキリスト教（カトリック）を布教する以前、すでに日本には「ミコ」という語彙が存在していたので、その語彙を意識した付け方であろう。しかし、稀にカトリック教会において御子（ミコ）という場合もある[11]。

4．接頭辞「ミ」の派生

日本語の接頭辞「ミ」が尊敬語として機能する接頭辞であることは確かであるが、これ以外の意味合いはないのだろうか。この「ミ」の本来の機能からの変化について、本節では考察する。

以下の3つの語彙から、接頭辞「御」の付け方やその変化について分析をすることができよう。

（A）籤（くじ）

（B）御籤（みくじ）

（C）御神籤（おみくじ）

（A）は事の成否や吉凶、そして当選や順番を判断する方法である。（B）は神社や寺で参拝者の吉凶を占うもの、また（C）も（B）とほぼ同じ意味である。ここで、（B）は「籤」の敬語であり、（B）から（C）への移行では「御」（ミ）を「神」（ミ）に置き換えて読んでいる。

（B）の「ミ」だけでも神仏の意味合いがあるにも関わらず、なぜさらに「オ」を付けているのであろうか。結論から言うと、これは尊敬語の御籤（ミクジ）が美化語化しているからであろう。つまり、美化語なら御籤（オクジ）でも十分であるが、こうなると神の意味合いが薄れてしまうため、「御」（ミ）の代わりに「神」（ミ）を付け、さらにその前に「御」（オ）を付けたと考える。最近、寺や神社ではほとんど御神籤（オミクジ）と言われており、美化語として完全に定着している。

要するに、尊敬語の接頭辞「ミ」、その前にさらに「オ」を付けることによって「ミ」の尊敬の機能は「神」に変わり、本来の尊敬の「ミ」は美化語の「オ」に変化して、美化語化している。

そして、以下の(A’)(B’)(C’)も同じ理屈で説明できよう。すでに(29)御酒（ミキ）で取りあげた語彙である。

(A’)酒（き）
(B’)御酒（みき）
(C’)御神酒（おみき）

この(A’)酒（き）は、「酒」の古い名称である。「酒」に「ミ」を付けた(B’)御酒（ミキ）は「神に供える酒」の意味合いになる。しかし、神に捧げる酒なら(B’)御酒（ミキ）だけで十分なのに、さらに「御」を加えてすでにあった「御酒」の「御」は「神」（ミ）に変えているのが(C’)御神酒（オミキ）である。この(C’)御神酒（オミキ）は敬語の(B’)御酒（ミキ）を美化語化したものに他ならない。

すなわち、今日の一般社会では、美化語として「御酒」（オサケ）としているが、これは神様に供える酒とは異なる。古語である酒の「キ」は、今の一般社会の飲み会では使わないが、一般の社会とは関わりのない酒の意味として存在しつつ、神様と関わる酒の意味で「ミ」を付けて「ミキ」、さらにその前に「オ」を加えて「オミキ」となり、神様に関わる酒として美化語化している。

さらに、次のような語彙を分析しよう。

(あ) 輿（こし）
(い) 御輿（みこし）
(う) 御神輿（おみこし）

(あ) は人が乗る輿であるが、(い)「御」（ミ）を付けることによって、(4) や (21) で見てきたように、天皇あるいは神が乗る輿になる。さらに、(う) のように「御」（ミ）を「神」（ミ）に替えると、天皇ではなく神しか乗ることのできない輿になる。つまり、神の乗る輿を美化した語彙と考えられるのである[12]。

この他にも、古来、長野県の諏訪湖では、湖面の氷結面の一部が膨張して盛り上がって氷が持ち上げられる現象をみてその年の豊凶を占う御神渡り（オミワタリ）という儀式が行われる。

(Ⅰ) 渡り（わたり）
(Ⅱ) 御渡り（みわたり）
(Ⅲ) 御神渡り（おみわたり）

このように、「御」（ミ）が「神」（ミ）に変わって、その前に「御」（オ）を付ける過程を美化語化したとした。これらは神と関わるものなので、「御」が「神」に変わっていると考えられる。

さらに、同じ理屈でキリスト教（カトリック教会）における御聖堂（オミドウ）という語も分析できる。

(ア) 堂（どう）
(イ) 聖堂（みどう）
(ウ) 御聖堂（おみどう）

一般的には堂（ドウ）に「御」（ミ）を付けて御堂（ミドウ）とし、(30) 御堂（ミドウ）のように神のいる場所の堂という意味で尊敬語である。一方、神の存在しない堂は御堂（オドウ）とするが、これは美化語である。カトリック教会では「御堂」ではなく、自らの宗教に特化した神のいる聖なる堂の意味で「聖堂」と書いて「ミドウ」と読む。つまり、「御」（ミ）を「聖」（ミ）に変えているのである。さらに、聖堂（ミドウ）に「御」（オ）を付けて御聖堂（オミドウ）と言っているが、ここで「聖」（ミ）はカトリック教会での「聖なる」という意味の尊敬語であり、その前に「御」（オ）を付けることによって美化語化している。

言い換えれば、尊敬語の接頭辞「ミ」、その前にさらに「オ」を付けることによって「ミ」の尊敬の機能は「神」に変わるが、カトリック教会では「聖」に変わり、本来の尊敬の「ミ」は美化語の「オ」に変化させて美化語化している。

榊原邦彦（2004：290）は、「オミ大きい」や「オミ帯」は語頭が「オ」なので「オミ」を付けるとする。ここで、接頭辞の「オ」を付けると、「オ」が二つ重なるため「ミ」を付けて、さらにその前に「オ」を加えるということは示唆することが多い。その一つ目は、接頭辞を付けるとき、音韻の要素が絡んでいるということである。二つ目は接頭辞「ミ」だけではなく、さらに「オ」を加えることで、「ミ」を付ける意味や「オ」を付ける意味合いが異なってくるという点である。つまり考察してきたように、「ミ」だけを付けると、天皇・神・貴人に関わることを表す接頭辞の尊敬語になる。そこで、「ミ」だけ付けるのを避けて、さらに「オ」を加えることで、その意味合いが尊敬語から美化語に変わるのである。

5．おわりに

以上のように、日本語の接頭辞「御」、つまり「オ」・「ゴ」・「オン」・「ギョ」・「ミ」の付く語彙は様々な意味機能を果たしているが、その中でも尊敬の意を表す「ミ」を中心に付け方の特徴や、派生について考察を行った。

一般的に「ミ」は神仏・天皇・貴人など尊敬すべき人に属するものに付けるという説明であるが、前近代の『吉利支丹教義』（文禄期）には「ミ」の用例が見られない。しかし、今日のキリスト教（カトリック）には接頭辞の「ミ」が使われており、すでに『吉利支丹教義』で使われていたことと同様、「オン」も用いている。

天皇・公家/貴人・神仏・キリスト教・祖霊に関わって付けられる「ミ」の中で、天皇家や公家・貴族に関わる語彙の一部は固有名詞化したり、またあまり用いず死語化したりしている傾向にある。反面、神仏やキリスト教などの宗教の場では、今も変わらず用いられている。キリスト教では、ミサや祈りの中では「ミ」と併用して尊敬の意味の「オン」も使われている。天皇家や公家でも「オン」を用いて、一般社会においても使われているが、文語体に使う傾向が強い。

今日、天皇家に付ける敬語の接頭辞「御」は、主に「ゴ」や「オ」としている。例えば、マスコミでは「天皇が新年のお言葉を述べられました」や「天皇陛下のイギリスご訪問に当たって･･･」としている。この「ゴ」や「オ」は社会全般、つまり一般人の使う語彙にまで広がっている。例えば、「オ宅」、「ゴ心配」等々が取り上げられる。ちなみに、尊敬を表す接頭辞の「ミ」は「ゴ」よりその敬意の程度が高く、さらに「オン」よりも敬う意味合いが強い。

また、接頭辞の「ミ」は敬う意味合いだけではなく、機能の変化も見せている。例えば、御籤（ミクジ）は吉凶の判断に神が関わるため、「御籤」における「御」を「神」に変え、さらにその前に「御」を付けて御神籤（オミクジ）となった。この「御神籤」は「御籤」とほぼ同じ意味合いであり、前者における「御」は敬語よりは美化語の要素が強い。つまり、尊敬語の接頭辞「ミ」の前にさらに「オ」を付けることによって「ミ」の尊敬の機能は「神」に変わり、本来の尊敬の「ミ」は美化語の「オ」に変化して、美化語化している。神などを敬う意味合いとして「ミ」を付ける尊敬語語彙の一部は、神を美しく表す美化語への派生が確認できる。

最後に、接頭辞の「ミ」を付ける場合、接頭辞に続く音韻との関わりやその語彙が用いられる対象によって「ミ」だけでなく、「オ」･「オン」･「ゴ」･「ギョ」も付けられると考えられるが、このことに関する追究は今後の課題にしたい。

注

（1）辻村敏樹（1968）「吉利支丹関係資料に見える敬語接頭辞について」『敬語の史的研究』の研究成果は、桜井光明（1971）が「近代の敬語Ｉ」『敬語史』講座国語史第５巻、大修館書店の194-199頁で紹介している。

（2）鄭貞美（2014）b「韓国語に見られる美化語の要素－「말씀malsseum」と「薬酒yagjju」を中心に－」（『韓国文化研究』第４号、韓国文化学会、日本）を参照されたい。

（3）ちなみに、「ミ」だけではなく、３つの書物にみる「計らい」という語彙が「オン計らい」・「オ計らい」・「ゴ計らい」、そして「大事」は「オ大事」・「ゴ大事」のように、それぞれ異なる読み方をしていることに対しては、今日の「オ」・「ゴ」が尊敬語や謙譲語、そして美化語の性質があることも踏まえて追究する必要があろう。

（4）文禄期の「おん苦しみ」・「おん車」・「おん住い」・「おん返事」に対して、今日は「お苦しみ」・「お車」・「お住い」・「お返事」、「お縁」は「ご縁」、「み口」・「み国」・「み弟子」は「お口」・「お国」・「お弟子」、そして「ご一人」・「ご大事」・「ご告げ」・「ご計らい」は「お一人」・「お大事」・「お告げ」・「お計らい」としており、これもその対象によるものと考えられる。

（5）『角川日本地名大辞典(兵庫県)』(1988) 角川書店

（6）今日、天皇家に関わるものではなくても、立派な家に対して御殿（ゴテン）と言われるが、その根底には天皇が住むような豪邸の意味がある。

（7）http//www.news24.jp/（2013年6月22日）

（8）このことは、敗戦後の1946年、昭和天皇が「人間宣言」をしたことが深く関わっていると考えられる。

（9）『祈りの手帳』(2008：23) トン・ボスコ社

（10）天皇・公家/貴人・神仏・キリスト教・祖霊に付ける尊敬の接頭辞は「ミ」以外に「オン」・「ギョ」がある。榊原邦彦氏（2004：291）は、「オン」の使用について「高い敬意が望ましい場合に使う」とするが、接頭辞「オン」よりは「ミ」が敬う程度が高いことがわかる。天皇・公家/貴人・神仏・キリスト教・祖霊に使われる接頭辞「オン」は、今日の一般社会にも広がっている。例えば、「御身お大切に」、「御礼申し上げます」が取り上げられる。一方、現代日本語では、接頭辞「ギョ」はほとんど使われていないが、御慶（ギョケイ）は年賀状によく書く語彙である。なお、御意（ギョイ）は「天皇の考えやその意向」だけではなく、「目上の人のかんがえや意向」を敬うときにも用いられる。

（11）『典礼聖歌』(1980：202) あかし書房

（12）井上史雄（2012：41-44）でも美化語としている。

第８章　韓国語に見られる美化語の要素
―「말씀malsseum」と「薬酒yagjju」を中心に―

キーワード：敬語、「말mal」、「말씀malsseum」、「薬酒yagjju」、美化語

１．はじめに

本稿は、美化語が非常に発達している日本語の美化語の基準に韓国語を照らし合わせて、韓国語における美化語の存在を見つけ出し、その特徴について分析を行うことを目的とする。

従来、韓国語には美化語が存在しないという見方が一般的であり、そのため韓国語の美化語をめぐる先行研究はあまりみられない。多少、美化語に触れているものを挙げると、例えば白同善（1997）は「韓国語に美化語がある」と述べているものの、具体的な研究や分析は行っていない。一方、日本の油谷幸利（2005）bは韓国語における待遇法の説明の中で「食事」・「薬酒」という漢字語は美化語であるとしている。また美化語は、話し手に教養があり上品な人間であることを示す言語使用で、単に上品な表現であるから、自分に対して用いることができると定義している。韓国人の韓国語研究者には気づかれていない韓国語の美化語を見つけ出し、その定義を行っているのは卓見と言わざるを得ない。詳しい論証が伴わない主張ではあるが、概ね賛同はできる反面、若干の異論もある。

一方、韓国語の美化語に関する準拠を提供する日本語の美化語は、一般的に語頭に「お」や「ご」を付ける形で表される。松下大三郎（1930）が美称という用語を提唱して以来、辻村敏樹（1963）は人物・事物・事柄に関する敬語、素材敬語のうち素材を美化していうことばを美化語とし、この美化語という用語を学会に広めた。一方、宮地裕（1971）は話題のものごとの表現を通して「話し手」が自分の言葉づかいの品位への配慮を表す敬語とする。そして、大石初太郎（1974）も美化語は自分の言葉を上品・きれいにする語であるとする。さらに、菊地康人（1994）は、美化語とは「上品」という「待遇的意味」をもつ待遇表現ということで、「話題の敬語」である尊敬語や謙譲語とも異なるとする。これらの美化語の先行研究を見ると、美化語を使うと「品格」が漂うということは共通の認識であると言える。しかし従来の研究

では、美化語に関して、その位置付けが明らかになっておらず、研究者間で一致が見られない現状と言って過言ではない[1]。つまり美化語と他の敬語との関係、そして美化語とは何かという肝心な定義が明確に示されていないのである。

本稿では、日本語の美化語に関する先行研究の状況を踏まえて、まず「話し手」と「聞き手」の対話から他の敬語との関係を明確にしつつ、曖昧である美化語の要となる基準を提示し、それに基づいて韓国語の美化語を見つけ出して考察を進める。主に韓国語の「말씀malsseum」[2]と「薬酒yagjju」を中心に追究していくが、「話し手」と「聞き手」の関係、話題との関わりも念頭に入れて分析を行う。

詳しい分析の前に二点ほど確認をすると、話しかける人が「話し手」、話をしている間に傾聴する側が「聞き手」である。この「聞き手」が、逆に話し出すと「話し手」となり、最初に「話し手」だった人は「聞き手」に回ることの仕組みを理解する必要がある。さらに、日韓の現代語における個人差・男女差・地域差は考慮しないことを明確にしておく。

２．日本語の美化語

２－１．日本語の接頭辞「お」・「ご」

韓国語における美化語を考察するため、まず美化語が発達している日本語ではどんな言葉を美化語とするのかを具体的な用例から明確にしておきたい。

日本語における美化語の形は、一般的に接頭辞の「お」や「ご」を付けるが、後者の「ご」より前者の「お」を付けるケースが多い。以下、全ての例文は日常生活でよく耳にすることのできる対話の作例であることを記しておく。

●場面（１）

＜「話し手」の母（A）が帰宅した「聞き手」の子供（B）に茶を飲むか確かめる対話である＞

Ａ：お茶飲むの。

Ｂ：お茶ではなく、お水ちょうだい。

（１）のＡ・Ｂにおける「お茶」やＢの「お水」に付けている「お」は美化語で生活の中で多く用いられている。このように、一般的に名詞に接頭辞の「お」を付けるケースが多いのである。

●場面（2）

＜A・Bは大学生の友人同士、つまり「話し手」（A）が「聞き手」（B）にご馳走になったので、御礼をいう対話である＞

A：今日は、ご馳走さま。

B：いいえ、ご馳走ではないよ。

（2）のAやBにおいて、接頭辞「ご」の付く「ご馳走」は美化語である。他にも「ご飯」・「ご褒美」のような語彙を取り上げられるが、「お」の付く美化語よりその数は少ない。

この（1）（2）のように、日本語における美化語の形は、中心となる単語に接頭辞の「お」・「ご」を付ける。「お」・「ご」を付けることによって中心となる語彙の意味機能変化することないが、品格の漂わせるニュアンスに変わるのである。

2－2．日本語の品格と方向性

美化語は、辻村敏樹（1963）が提唱して以来、それが定着されて「上品語・品位語・品格語」とも言われる。この見解を継承して大石初太郎（1974）は、「美化語とは、自分の言葉を上品、きれいにする敬語である。さらに話題の人や聞き手に敬意を表す敬語とは違う。聞き手への意識がないとは言えないが、自分自身の言葉の飾りとして使われるものである」とされる。つまり、美化語は「品を漂わせる言葉」であり、美化語を研究する上で示唆することが多い。

以下の例文に基づいて、尊敬語・謙譲語・丁寧語・美化語の品格との関わり、そして「話し手」や「聞き手」における方向性について考察する。

●場面（3）

＜販売人（話し手）が集まっている人々（聞き手）の前で商品の説明をしてから「聞き手」に対して意見があるかどうかを確認する、4つのパターンの言い方である＞

A①：意見はありますか。

A②：意見はございますか。

A③：ご意見はありますか。

A④：ご意見はございますか。

（3）における販売人がA①・A②・A③・A④の4つのパターンの確認する販売人の問の中で、A③・A④は美化語の形と同様、「意見」に接頭辞の「ご」を付けている「ご意見」は尊敬語である。その理由は、尊敬語は「話し手」が第3者の話題も含めて「聞き手」に対して用いる一方向性をもつ言葉だからである。

ここで、名詞だけに着目してみれば、A①・A②の「意見」は品格が漂うことはなく、A③A④の「ご意見」のほうが品格を感じさせる。しかし、用言と絡ませて考えてみると、A①では用言が丁寧語であるため全く品格がないとは言えず、一方、A②では共起用言によって、A①より品格があると言える。なお、A③・A④は名詞だけでも品があるが、共起している用言がさらなる品格を漂わせ、A④が最高の品格を具現している。そこで、尊敬語は「聞き手」を持ち上げるような効果に加えて、「話し手」の品格を現すこととも深い関係があると考える。

●場面（4）

<会社で仕事の役割分担を行ったが、漏れていた追加の仕事が見つかり、課長（話し手）はそれを誰がやってくれるのか聞いていることに対して部下（聞き手）から返ってきた4つのパターンの答えである>

B①：僕がします。

B②：僕がさせていただきます。

B③：私がします。

B④：私がさせて頂きます。

（4）の答えにおける主語に着目すれば、B①・B②の「僕」よりは、B③・B④の「私」が自分を低める謙譲語なので謙る気持ちがある。ここで、用言と共起させると、B①の「－します」よりは、B③の「－させていただきます」のほうが品がある。さらに、B③よりB④の答えが品格が漂う。ところで、この謙譲語は「話し手」が自分自身を謙って「聞き手」にいう一方向性に限る言葉である。

●場面（5）

<明日、自宅を訪問する予定の友人（B）「聞き手」に何時に近くの駅に着くのか、招待する友人（A）「話し手」が電話で確かめたところ、何時に着けるのか定かではないので、駅に着いたら友人（A）に電話するとの答えである>

B①：明日、着いたら電話する。
B②：明日、着いたら電話します。
B③：明日、着いたらお電話する。
B④：明日、着いたらお電話します。

（５）におけるB①・B②の「電話」よりは、B③・B④の「お電話」ほうが品が漂い、この「お電話」は美化語である。つまり、一般名詞より美化語を用いるのが品格を感じられ、この品格は美化語と一般の語彙とを区別する１つの準拠になる。なお、「お電話」という同じ事柄について「話し手」や「聞き手」がともに用いる「双方向性」を持っている。

ここで、辻村（1963）・大石（1974）が言われるように、美化語に「品を保つ」、「品格を表す」という意味機能があるのは確かである。したがって、品格を表すという敬語の意味機能だけに照らし合わせてみると、美化語も敬語（尊敬語・謙譲語・丁寧語）と同じく品格を漂わせる意味機能があるため、美化語を敬語の範疇に入ることに対して異論はない。

２－３．日本語における美化語の双方向性と所属

日本語の美化語について、品格を漂わせる意味機能以外に、その基準となる方向性、そして美化語の表す内容が「話し手」と「聞き手」のどちらに属するものかについて、さらに以下の諸場面に基づいて確かめることにする。

●場面（６）
<北海道産の牛肉が美味しいことに関する話題をめぐる主婦同士（AやB）の会話である>
A：百貨店の食品売り場で売っている北海道産のお肉は美味しいですよ。
B：私もそのお肉が美味しいことは、既に聞いています。

（６）における話題の北海道産牛肉は、AとBのいずれにも属さない共通の話題である。ここで、AとBはともに「お肉」と言っており、尊敬語や謙譲語の一方向性とは異なって、AとBの両者が互いに使う双方向性がある。この双方向性は、美化語の特徴の１つである。

さらに美化語は、その使用において「話し手」の任意性が強い。つまり、使用の有無は「話し手」の選択意志に懸かっている。目上の人に対して尊敬語・謙譲語・丁寧語を用いないと社会的非難があるのに対して、美化語は使わないからといって批判されることはあまりない。

●場面（7）

＜一緒に旅行をしている友人同士で、朝食を食べていないＡの話にＢが反応する対話である＞

Ａ：お腹が空いてきました。

Ｂ：朝食を抜かれたので、お腹が空くのは当然でしょう。

（7）は、Ａの身体である「お腹」に触れる話題である。Ａ自身は自分の身体の一部を「お腹」と言う。これに対してＢはＡの「お腹」が空いていることについて同意しているが、ＢもＡと同じく「お腹」という語彙を用いており、双方向性が確認できる。

●場面（8）

＜職場の先輩（Ａ）が後輩（Ｂ）に対して体調を話題に話をしている＞

Ａ：最近、残業で椅子に座っている時間が長いよね、お尻は痛まない。

Ｂ：最近、腰やお尻が痛いです。

（8）では、職場における長時間の勤務による不調について話しているが、ＡはＢの身体の一部について「お尻」と言っている。ここでＢ自身も自分の身体の一部を「お尻」といい、双方向性がある。

●場面（9）

＜友人同士の対話でＡがイタリアに行って買った洋服に対して、Ｂの友人はその洋服がＡに似合うと言っている＞

Ａ：このお洋服は、イタリアに行ったときに買ったものです。

Ｂ：そのお洋服、素敵ですわね。

（9）の「お洋服」は、Ａの所有物である。Ａの所有物の洋服に対して、ＡもＢもともに「お洋服」を用いる双方向性がある。なお、この場面でＡとＢが「洋服」と言っても違和感はない。

●場面（10）

＜隣近所に住むＡがＢの庭に梅の花が咲いているのを話題に対話している＞

Ａ：お庭の梅の花が綺麗ですね。

Ｂ：梅の花は綺麗ですが、日頃、お庭は手入れが大変です。

（10）における話題の「お庭」は、Ｂの所有物である。ここでも「聞き手」の所有物である「庭」に対して双方が同じく「お庭」を使っている。

このように、（６）～（10）の美化語は名詞に接頭辞「お/ご」を付けた形式で、これらは品格を漂わせる表現効果をもつ。そして、同じ言葉について「話し手」と「聞き手」、さらに両者が目上か、あるいは目下かに関係なく対等に用いている。つまり、相手のことだけではなく自分のことに関しても使う双方向性の言葉であることが確認できる。また「話し手」は、これらの名詞に「お/ご」を付けて美化語にするか、付けずにそのままの名詞で言うか選べるという「任意性」もあるのである。

ここで、場面（６）～（10）の美化語が「話し手」と「聞き手」のどちらに属するものを表しているのかという点を整理すると、次の（図１）のように５つに分けることができる。

（図１）美化語の５つのタイプ

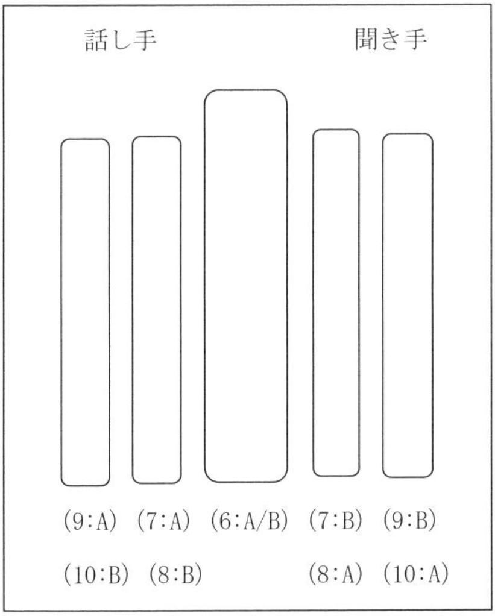

これらの場面（６）～（10）で話題になっている美化語は、「話し手」や「聞き手」のどちらに属するのか細分化することができる。「話し手」や「聞き手」に属したり関わったりしていない中立的なものは(6:A/B)の「お肉」である。この肉は、百貨店の食品売り場の陳列棚に入っていて「話し手」のものでも

なく「聞き手」のものでもない。一方、「話し手」の身体に関するものとしては（7:A）の「お腹」・（8:B）の「お尻」である。そして「話し手」の所有物ないしそれに関わるもの（9:A）の「お洋服」・（10:B）の「お庭」である。逆に、「聞き手」の身体に関わるものは（7:B）の「お腹」・（8:A）の「お尻」である。また「聞き手」の所有物ないしそれに関係するものとしては（9:B）の「お洋服」・（10:A）の「お庭」である。

３．韓国語の「말씀 malsseum」

３－１．「말씀 malsseum」と尊敬語及び謙譲語の意味機能

従来、韓国語には美化語がないと言われてきており、これがほぼ定説化しているが、果たして美化語は存在しないのだろうか。日本語における美化語の意味機能・基準、つまり「品格」・「双方向性」・「任意性」に照らし合わせて韓国語の「말씀 malsseum」という語彙を取り上げ、その諸々の意味機能について検討を行う。ここでは、「便所」を「化粧室」や「解憂所」とするレトリック（Rhetoric)、つまり類似する全く別の形の単語をもって置き換える語彙の分析は対象外とする。

「말씀 malsseum」は、古い文献から確認できるが(3)、現代韓国語では「말 mal」という語彙も存在している。この「말씀 malsseum」は、意味の中心的な「말 mal」に「씀 sseum」を加えた形であるが、日本語における美化語のように中心となる言葉に接頭辞を付けることとは異なる。

以下では、韓国語の対話の中から、「말 mal」や「말씀 malsseum」を比較検討しながら、その意味機能について確認してみたい。

●場面（11）

＜「話し手」の説明に対して、「聞き手」であったAが「話し手」に回って、その意味合いを聞き直す問いである＞

Ａ：그 말의 뜻이 뭡니까?

geu mal-ui tteus-i mwobnikka

（その話の意味は何ですか）

＜目上の知人に言われたことについて、目下の「聞き手」Ｂが「話し手」として理解をしていると答えている発話である＞

Ｂ：하신 말씀은 잘 알겠습니다.

hasin malsseum-eun jal algess-seubnida

（おっしゃったお話は良くわかりました）

＜「話し手」である上司の問いについて、複数の「聞き手」の部下のうちの一人Cが「話し手」として進んで答える申し出である＞

Ｃ：제가 말씀드리겠습니다.

jega malsseumdeuligess-seubnida

（私が申しあげます）

（Ａ）の「말 mal」は一般名詞、（Ｂ）の「말씀 malsseum」は尊敬語、そして（Ｃ）の「말씀 malsseum」は謙譲語である。つまり、「말씀 malsseum」は「말 mal」の敬語で尊敬語と謙譲語という２つの意味機能を持っているのである。

では次に、この「말씀 malsseum」の尊敬語や謙譲語の意味機能に加えて、用言との共起の様子、そして助詞との関係を確認したい。

●場面（12）

＜ＡとＢの友人同士が先生のおっしゃった事柄について確かめている対話である＞

Ａ：선생님께서 그렇게 말씀하셨어?

seonsaengnimkkeseo geuleohge malsseumhasyeoss-eo

（先生がそのようにおっしゃったの）

Ｂ：응,그러니까 꼭 약속을 지켜.

eung,geuleonikka kkog yagsog-eul jikyeo

（うん、だから必ず約束を守ってね）

（12）における尊敬語の「말씀 malsseum」は、「先生」という主体と「おっしゃった」という尊敬用言が共起し、主体に付く助詞も尊敬を表すものを用いている。つまり、Ａの発話の中で行為主体である先生に「－께서」という「尊敬助詞」が使われている[4]。

●場面（13）

＜部長（甲）の発話に対して会社秘書室の人（乙）が答えている＞

甲：사장님께 직접 말씀을 드리고 해외지사에 나가야겠어.

sajangnimkke jigjeob malsseum-eul deuligo hae-oejisa-e naga-ya gess-eo

（社長に直接、申し上げてから、海外支社に行きたい）

乙：사장님은 방에 계십니다.

sajangnim-eun bang-e gyesibnida

（社長は社長室にいらっしゃいます）

(13) における（甲）の「말씀 malsseum」は謙譲語である。この謙譲語の「말씀malsseum」は「드리다 deulida（差し上げる)」・「올리다 ollida（奉る)」のような用言と共起する場合、「말씀드리다 malsseumdeulida」・「말씀올리다 malsseumollida」というのが一般的である。ここで、謙譲語に共起する用言に「겠 gess」を伴う言い方である「제가 말씀드리겠습니다 jega malsseumdeuligess-seubnida」(私が申し上げる)、ないしは「제가 말씀올리겠습니다 jega malsseum-olligess-seubnida」(私が申し上げる）と言った「謙譲語動詞」を使うことは、非常に自然なことである。つまり、謙譲語の「말씀 malsseum」は、いわゆる「謙譲語動詞」と「－겠－gess」の組み合わせで用いるのが最も相応しい[5]。

３－２.「말씀 malsseum」にみる美化語の要素

韓国語の「말씀 malsseum」には、日本語の美化語と同じか、あるいは類似する意味機能はないのだろうか。つまり、「品が漂う」といった効果や、「話し手」のことについても「聞き手」のことについてもともに使える「双方向性」はみられないのだろうか、その分析を行う。

以下では「話し手」と「聞き手」の上下関係、そして話題の人物と「話し手」や「聞き手」との人間関係にまで配慮した対話を取り上げることにする。というのは、韓国語社会では「話し手」と「聞き手」の上下関係、そして話題との関係が言葉使いに強く影響を及ぼしているからである。また、日本の品格に当たる言葉使いに対して、韓国ではよく「教養のある」という言い方をする[6]という点も加えて記しておく。

すでに、述べてきたように日本語には尊敬語・謙譲語・丁寧語に加えて、美化語も品格を感じさせる意味機能がある。一方、韓国語でも日本語と同様に、尊敬語・謙譲語・丁寧語、そして漢字語を使うと「教養」があると見なされる。この「教養」には年齢や社会的な地位の上下による言葉使いはさることながら、たとえ目下に対してであっても「品格」のある言い方をすれば「教養のある」言葉使いになるという面がある。

ここでは「말씀 malsseum」を取り上げて、「双方向性」や「教養」に関して検討を行う。

●場面 (14)

＜「話し手」の後輩（A）が新しくできた店について、「聞き手」である大学の先輩

（B）と交わしている対話である＞

A：선배,저 골목에 새로 생긴 음식점 말씀인데요, 가봤어요?

seonbae, jeo golmog-e saelo saenggin eumsigjeom malsseum-inde-yo, gabwass-eo-yo

（先輩、あの道角に新しくできた店のことなんですけど、行ったことありますか）

B：아니, 아직 안 가봤어.

ani, ajig an gabwass-eo

（いや、まだ行ってない）

韓国語の「말씀 malsseum」が尊敬語や謙譲語に使われた場合、一般的に日本語では「お話」や「お言葉」と訳されるが、(14) では「こと」という訳が適切であろう。それは、(11) ～ (13) で考察してきた尊敬語や謙譲語ではない意味機能を果たしているからである。この「말씀 malsseum」は「말 mal」に置き換えることもできるが、前者は日本の品格、つまり韓国の「教養」が感じられる一方、後者は「教養」とは関係がない。目下から目上への発話なら「말씀 malsseum」と言う傾向が強く、逆のケースで使う場合は「教養」が感じられる。しかし、「話し手」が必ず用いないといけないことはなく、あくまで任意で選択できる。

●場面 (15)

＜平社員（A）が社長を話題に、同期友人（B）と話している対話である＞

A：있잖아,사장님 말씀인데.

issjanh-a, sajangnim malsseum-inde

（あのね、社長のことだけど）

B：왜? 뭔가 있어?

wae? mwonga iss-eo

（どうしたの？何かあるの）

(15) の「말씀 malsseum」は、「말 mal」に置き換えることができるが、(14) と同じく「こと」の意味である。（A）の「말씀 malsseum」は、話題が社長さんという目上のことであっても同期同士の対話なので一般的には「말 mal」を用いる傾向が強い。つまり、同じレベルの者同士にはあまり用いないと言えよう。しかし、「말씀 malsseum」を用いると、一目置くような「教養」を感じさせる。

●場面（16）

＜バイトの学生（A）がバイト先の店長（B）に助けてもらったことについて交わしている対話である＞

A：도와 주셔서 정말 감사합니다.

do-wa jusyeoseo jeongmal gamsahabnida

（手伝ってくださって本当にありがとうございます）

B：천만의 말씀, 당연히 도와 줘야지.

cheonman-ui malsseum, dang-yeonhi do-wa jwo-yaji

（とんでもないこと、当然、手伝わないと）

（16）の「말씀 malsseum」も「こと」の意味合いであるが、「천만의 말씀 cheonman-ui malsseum」という慣用句として使われる表現である。なお、「무슨 말 museun mal」や「무슨 말씀 museun malsseum」（とんでもないこと、何のこと）という慣用句のような表現もある。(16)のように、目上から目下に発する「말씀 malsseum」は、それほど頻繁には用いられない傾向にあるものの、用いると「말 mal」より「教養」を感じさせる。

このように、(14)（15）（16）の「말씀 malsseum」は、「お話」や「お言葉」の意味ではなく、「こと」の意味で日本語に訳されよう。(14）は「話し手」が「聞き手」より目下、(15）は同期同士、(16）は目上という異なる３つの場面であるが、いずれも相手を高める「尊敬」、あるいは「話し手」がへりくだる「謙譲」の意味は持たない。目上や目下とは関係なく用いることによって品格、つまり「教養」を感じさせる。さらに、(14）（15）（16）の「말씀 malsseum」は「話し手」や「聞き手」との間で双方向性がある。

この（14）（15）（16）における双方向性を示せば、以下の（図２）の通りである。

(図２)「말씀 malsseum」の双方向性

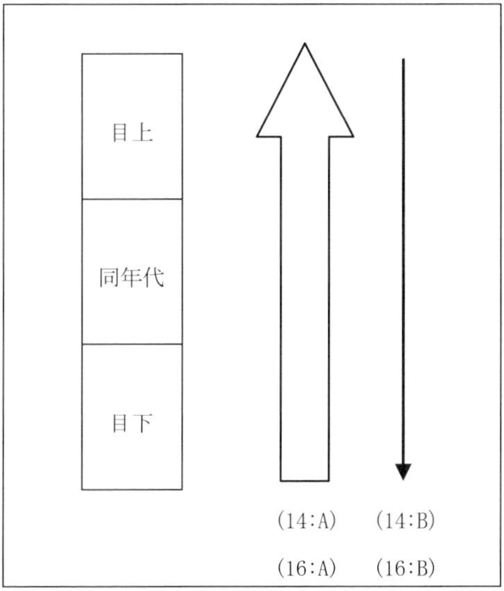

考察してきたように、「말씀 malsseum」が日本語の「お話」や「お言葉」で訳される場合、「聞き手」に関することなら「尊敬語」、そして「話し手」に関することであれば「謙譲語」になる。しかし、(14) (15) (16) の「말 malsseum」は日本語の「こと」であり、「教養」を感じさせる表現である。「話し手」のことについても「聞き手」のことについても互いに使用できる双方向性がみられる。なお、「話し手」が用いるか用いないかの「任意性」もある。したがって、日本語における美化語の基準とも符合し、韓国語の「말씀 malsseum」は美化語であると言えよう。

しかし、(図２) でみるように、「말씀 malsseum」は同期同士や目上から目下には頻繁に使わないので双方向性の間にアンバランスな面がみられる。これは矢印の太さで表しているが、太さは使用頻度を意味し、その頻度が多いものは太い (以下、矢印の太さは使用頻度を意味する)。目下から目上の使用例 (14/A) に対して、反対に目上から目下の例 (14:B)・(16:B) ではその使用頻度が激減する傾向にあるため細い矢印で示される。同じ立場同士の例 (15:A/B) のケースも同様である。これは双方向への使用が認められるものの、その頻度には差があることを表している。

要するに、日本語の美化語は「話し手」と「聞き手」のどちらの方向からも同じように使うという特徴があるが、「말씀 malsseum」の場合、双方向性は見えるものの、その使用度合いに偏りがある。この「말씀 malsseum」は日本語にみる美化語の均等な双方向性の基準を完全に満たしていないため、完全な美化語と見なすことはできないと考える。そこで、「말씀 malsseum」は「美化語の要素」を有している語彙と位置付けたい。

4．「薬yag」の付く韓国語語彙

4－1．「薬水yagssu」・「薬손yagsson」・「薬밥yagbbab」

次の「薬水yagssu」・「薬손 yagsson」・「薬밥 yagbbab」は、「水」・「손 son」・「밥 bab」のそれぞれの前に「薬」を加えた形の語彙である。漢字は孤立語なので、「薬水」は名詞の「薬」と「水」を合わせた語彙である。その意味が「薬になる水」であるため、「薬」は後ろの名詞の「水」を修飾する形容詞の性質をもつと考えられる[7]。つまり、「水」という中心的意味をもつ言葉に「薬」が加わり、「水」をより明確に規定している。

また、「薬」をつける場合、固有語である「물 mul」（水の意味）と、漢字語の「水」に加える２つのケースがある。固有語の「물 mul」に「薬」を加えたら液体の薬の意味になり、「薬水」になった場合は、以下のような意味になる。

●場面（17）

<中年夫婦の妻が朝早く起きて、いつも「薬水」（鉱泉水）を汲みに行く夫に、今日も汲みに行くのかどうかを確かめる会話である>

妻：오늘도 약수를 받으러 가세요?
　oneuldo yagsuleul bad-euleo gase-yo
　（今日も「薬水」を汲みに行きますか）

夫：매일 약수를 뜨는 사람이 많지만 갈거야.
　mae-il yagsuleul tteuneun salam-i manhjiman galgeo-ya
　（毎日「薬水」を汲む人が多いが、行くよ）

（17）の「薬水」は、たくさん存在する水の中でも「薬効のある鉱泉水」という意味である。つまり、「薬水」は水の総称ではなく、岩の合間から湧き出る特別な水であり、この語彙から別段「教養」は感じられない。

次いで、「薬손 yagsson」と「薬밥 yagbbab」も「薬水」と同じくそれぞれの前に「薬」を加えた形の語彙である。しかしこの場合、漢字語の「手」や「飯」ではなく、固有語の「손 son」（手）や「밥 bab」（飯）に「薬」を付けて、一般的に「薬손 yagsson」や「薬밥 yagbbab」とする。漢字の名詞同士を結合させた「薬手」と「薬飯」という語彙も存在はするが、あまり用いられない。

●場面（18）

＜祖母が、お腹が痛いという孫のお腹をさすりながら話している会話である＞

祖母：내 손은 약손이다.

nae son-eun yagson-ida

（私の手は「薬손」だ：痛いの痛いの飛んで行け）

孫　：정말 할머니 손은 약손이네.

jeongmal halmeoni son-eun yagson-ine

（本当にお祖母さんの手は「薬손」だね：本当に痛いの飛んでいったよ）

●場面（19）

＜４０代主婦（A）が主婦（B）に「薬밥yagbbab」を渡しながら交わす会話である＞

A：이거 약밥인데 좋으시면 좀 드셔 보시겠어요?

igeo yagbab-inde joh-eusimyeon jom deusyeo bosigess-eo-yo

（これは「薬밥」ですが、良かったら少し召し上がってみますか）

B：저는 약밥을 아주 좋아해요.

jeoneun yagbab-eul aju joh-ahae-yo

（私は「薬밥」が大好きです）

前者の（18）は子供の痛いところをさすったら痛みが治る手、後者の（19）は小豆・落花生・栗・干しブドウなどを入れて炊いた飯の意味である。つまり、「薬손 yagsson」は手の中でも子供の痛みをなくす特別な手、「薬밥 yagbbab」は飯の中でもことに様々な材料を入れた飯で、いずれも特定のものを表していると言えよう。その意味で「薬水」、「薬손 yagsson」、「薬밥 yagbbab」は、それぞれの総称ではなく、特別なものであるため、美化語ではないと考える。なお、これらの語彙から「教養」を感じることはない。

４－２．「薬酒」にみる美化語の要素

「薬酒」も形としては「薬水」・「薬손 yagsson」・「薬밥 yagbbab」と同じであるが、語頭に「薬」を加えず「酒」という意味を表す場合は、一般的に漢

字語の「酒」は使わず、固有語である「술 sul」を使用する。しかし、「薬」を語頭に付ける場合は、固有語の「술 sul」ではなく、「酒」に付けて「薬酒」と言うのである。

この「薬酒」は「話し手」と「聞き手」が相互に対話で用いることが可能である。そこで、酒を飲んだ主体を念頭におき、その主体が「目上」・「目下」・「同年代」のそれぞれの場合の考察を行う。以下の（20）は目下が酒を飲んだ場合で、（21）は目上が酒を飲んだ場合、（22）は同年代の場合である。

●場面（20）

＜地下鉄駅構内で、部下と上司がバッタリ会って交わした対話である＞

上司：자네! 약주를 많이 한 모양이군.

jane! yagjuleul manh-i han mo-yang-igun

（君！お酒をたくさん飲んでいるようだね）

部下：오래간만에 약주 한잔 했습니다.

olaeganman-e yagju hanjan haess-seubnida.

（久しぶりにお酒を一杯やりました）

（20）では、上司が部下に「薬酒」を用いている。一般的には部下が上司に「薬酒」と言うのが自然であり、そこには部下としてのかしこまった態度や「教養」が感じとれる。逆に上司が部下に「薬酒」を用いる場合は、さらに「教養」とその人の人格をうかがわせる。

ところで、このような場面で上司と部下が互いに「薬酒」を用いるという双方向性が確認できるのだが、一方で今の若い世代は頻繁には使わない傾向にあるということも言える。それは、現代の社会が「教養」よりもうち解けた関係や実用性を好む傾向が強いからと考えられる。

●場面（21）

＜酒を飲んで帰宅した舅が嫁と交わした対話である＞

嫁：아버님！약주 많이 드셨어요?

abeonimtm-yagju manh-i deusyeoss-eo-yo

（義理のお父さん、お酒をたくさんお飲みになったのですか）

舅：오늘은 기분이 좋아서 약주 한잔 했다.

oneul-eun gibun-i joh-aseo yagju hanjan haessda

（今日は気分がよくて、お酒を一杯飲んだ）

(21) の舅は「薬酒」の代わりに「술 sul」と言っても違和感はない。しかし、お嫁さんは、舅の飲んだ酒に対して「薬酒」を用いるのが一般的である。つまり、ここでは「薬酒」を嫁だけではなく舅も用いており、双方向性が見られ、また「薬酒」のほうが「술 sul」より「品位」や「教養」を感じさせる。次の (22) は酒を飲んだ「話し手」が高校時代の同級生と対話をするケースである。

●場面 (22)

＜結婚式を終えた新婦（ウンジュ）と新郎（ミンス）が、新婚旅行に行く途中、交わす会話である＞

新郎민수（ミンス）: 뭐? 너라니? 어디서 하늘같은 남편한테 너야?
mwo? neolani? eodiseo haneulgat-eun nampyeonha nte neo-ya?
(何だ？お前って？尊ぶべき旦那にお前って？)

新婦은주（ウンジュ）: 너 약주 한잔 먹은거 아직 안 깼어?
neo yagju hanjan meog-eungeo ajig an kkaess-eo?
(お前！お酒一杯飲んだが、未だに酔いが醒めていないの？)

新郎민수（ミンス）: 신혼여행이고 뭐고 안가! 가기싫어!
sinhon-yeohaeng-igo mwogo anga! gagisilh-eo!
(新婚旅行なんて、やめよう、行きたくもない!)
(韓国KBSドラマ「복희누나（ボキ姉）」第122話) (8)

(22) の민수（ミンス）と은주（ウンジュ）は夫婦であるため、上下のない人間関係と言える。韓国の伝統的な考え方としては、「夫婦有別」という儒教の徳目でみるように、上下関係に近いものがある。しかし、今の時代、そしてドラマで設定している時代に照らし合わせても上下関係と見なしにくい。それで「話し手」と「聞き手」は同じレベルと考えられ、そこで은주（ウンジュ）は민수（ミンス）が飲んだ酒に対して「薬酒」と言っている。一般的には「薬酒」とは言わず、「술」と言うほうが自然である。逆に、민수（ミンス）が「薬酒」と言うこともできる。ここで은주（ウンジュ）が민수（ミンス）に「お前」と言いながらも「薬酒」としているのは、品格の保持を意識していることと考える。

続いて、酒を飲んだ話題の人物（第３者）が「目上」で、「聞き手」が「話し手」より「目上」・「目下」・「同年代」の場合における「薬酒」を考察する。

●場面（23）

＜昼食を終えた平社員が一緒に食事をした課長に部長の話題で対話している＞

平社員：부장님께서 약주를 드시고 지갑을 잃어 버렸다고 합니다.

bujangnimkkeseo yagjuleul deusigo jigab-eul ilh-eo beolyeossdago habnida

(部長はお酒を飲んで財布を落としてしまったそうです)

課長　：부장님은 원래 약주를 많이 드시니까 문제야.

bujangnim-eun wonlae yagjuleul manh-i deusinikka munje-ya.

(部長はもともとお酒を飲み過ぎるから問題だ)

（23）では、目上の部長が酒を飲んだことを話題にして、目下の平社員が目上の課長に話をしている。ここでは、話題の部長が目上であるため、かしこまった態度や「教養」を身につけていることを見せる「薬酒」を用いていると考えられる。しかし、「술」を使っても違和感はないが、「教養」は感じられない。ことに、従来は目上の人に関わる酒に対して「薬酒」という傾向が強かったが、最近は「술 sul」と言うのが一般的と言えよう。この変化は、双方向性に影響を与えてアンバランスな使用状態を生む原因になっていると思われる。韓国社会の言葉使いには「話し手」と「聞き手」の上下関係、そして「教養」という意識が複雑に絡んでおり、ここでは「薬酒」の言い方が「教養」を表す。いずれにせよ、「話し手」と「聞き手」の両方ともが「薬酒」を用いており、「薬酒」の使い方には双方向性が見られる。

●場面（24）

＜社長が酒を飲んだことを話題にして部長と係長が交わしている対話である＞

部長：어제 사장님께서는 사원 연수회에서 약주를 너무 드신 것 같아.

eoje sajangnimkkeseoneun sa-won yeonsuhoe-eseo yagjuleul neomu deusin geos gat-a

(昨日、社長は社員研修会でお酒を飲み過ぎたようだ)

係長：아니,그렇게 약주를 많이 드셨습니까?

ani,geuleohge yagjuleul manh-i deusyeoss-seubnikka

(そんなにお酒をさくさんお飲みになったのですか)

（24）では、話題の社長は部長や係長より目上であるが、部長は係長より目上である。対話の中で話題の目上（社長）に関しては「絶対敬語」を用いる傾向が強く、「教養」という観点を考えた場合は「薬酒」の言い方が相応し

い。場合によって部長と係長がともに「술 sul」を使うこともできるが、「教養」を感じさせる言い方ではないと言える。

●場面（25）

＜上司（チームマネジャー）の一杯飲みに行こうという誘いを受けて、同期の社員（AとB）が行くかどうかを話している＞

社員（A）：팀장님께서 술을 하자고 하는데 너는 갈거야?

timjangnimkkeseo sul-eul hajago haneunde neoneun galgeo-ya

（チームマネジャーが酒を飲もうとしているが、君は行くの）

社員（B）：나는 술은 이제 지겨워.

naneun sul-eun ije jigyeo-wo

（俺は酒はもうごめんだ）

（25）ではAとBは若い同期同士なので、慎んだり「教養」を念頭に入れた言い方をする必要性はあまりない。したがって、「薬酒」ではなく「술 sul」を用いているが、同年代であっても中年以降の者同士では「薬酒」と言う人も希にいる。

最後に、酒を飲んだ話題の人物（第３者）が「目下」で、「聞き手」が「目上」・「目下」・「同年代」のケースを考えてみよう。

●場面（26）

＜中年の弟が兄に、後輩の健康に関して話している＞

弟：제 대학 후배가 약주을 많이 해서 간장이 나빠졌다고 해요.

je daehag hubaega yagju-eul manh-i haeseo ganjang-i nappajyeossdago hae-yo

（私の大学の後輩がお酒を飲み過ぎて肝臓が悪くなったと言います）

兄：술은 백해무익한 거야.

sul-eun baeghaemu-ighan geo-ya

（酒は弊害が多く有益なものではないよ）

（26）では、弟が兄に対して「薬酒」と言っているが、「술 sul」と言っても違和感はない。なお、兄の返答についても「薬酒」に置き換えて差し支えがない。ここでは弟が兄に対してかしこまった「教養」のある態度を示している反面、兄は堅苦しい「教養」より親しみを出していると理解できよう。

●場面（27）

＜退社時、課長が係長に、酒を飲んで新入社員が入院した話をしている＞

課長：신입사원이 술을 많이 마시고 입원했다고 해.
sin-ibsa-won-i sul-eul manh-i masigo ib-wonhaessdago hae
(新入社員が酒を飲み過ぎて入院したそうだ)
係長：술은 몸을 생각하면서 마셔야죠.
sul-eun mom-eul saenggaghamyeonseo masyeo-yajyo.
(酒は体を考慮して飲まなくてはならないでしょう)

(27) は、課長や係長よりも目下の新入社員が話題であるため「술 sul」を使っている。しかし、話題が目下のことであっても「話し手」と「聞き手」が年配の人で、「教養」のある態度を示す場合は「薬酒」に置き換えるのがよかろう。

●場面 (28)
＜酒好きな財務課長と総務課長が、総務部の新入社員が酒に強いとの噂を聞いて対話をしている＞
財務課長：총무부의 신입 사원이 술을 잘 마신다고 해.
chongmubu-ui sincham sa-won-i sul-eul jal masindago hae
(総務部の新入社員は酒に強いと言われている)
庶務課長：언제 봐 가면서 같이 약주나 한잔 할까?
eonje bwa gamyeonseo gat-i yagjuna hanjan halkka
(いつか一緒にお酒でも一杯飲もうか)

(28) のような場合、目下の新人社員の話題なので、目上の者としての「教養」を考えていない場合は、「薬酒」より「술 sul」を使う。しかし、財務課長や総務課長が中年くらいの年齢で「教養」を念頭におくと「薬酒」を用いる。

ここまで、場面 (20) ～ (28) の「話し手」や「聞き手」が使っている「薬酒」や「술 sul」に関して分析をしてきたが、「話し手」や「聞き手」の上下関係、社会的地位、そして「教養」とは関係なく話す場合は、「薬酒」を「술 sul」に置き換えられる。つまり、「話し手」による「任意性」が確認できる。

この「薬酒」とは酒の総称であり、いずれの場面においても「薬酒」という語彙は用いられ、双方向性が見られる。但し、「薬酒」を使うとかしこまった印象や「教養」を感じるが、「술」というのも下品な言葉ではなく一般的な名詞である。目上のほうが目下に酒に関する話をするときは、酒の話題が「話し手」や「聞き手」に関わるかどうかを問わず、「薬酒」という語彙を控える

傾向はある。これは、「教養」は考えていないからである。逆に、「話し手」が目下で「聞き手」が目上、そして「話し手」や「聞き手」より目上のことについての話題であれば、「薬酒」を使う傾向にある。つまり、その使い方には「話し手」の「任意性」と同時に偏りが見られる。

このような傾向は、以下の（図３）に示している場面ごとの矢印の太さ（使用頻度）の相違として表れている。この（図３）は、諸場面における「薬酒」をめぐる「話し手」と「聞き手」の上下関係、話題の人物の立場、そして「教養」まで考慮して双方向性を整理したものである。

(図３)「薬酒」の双方向性

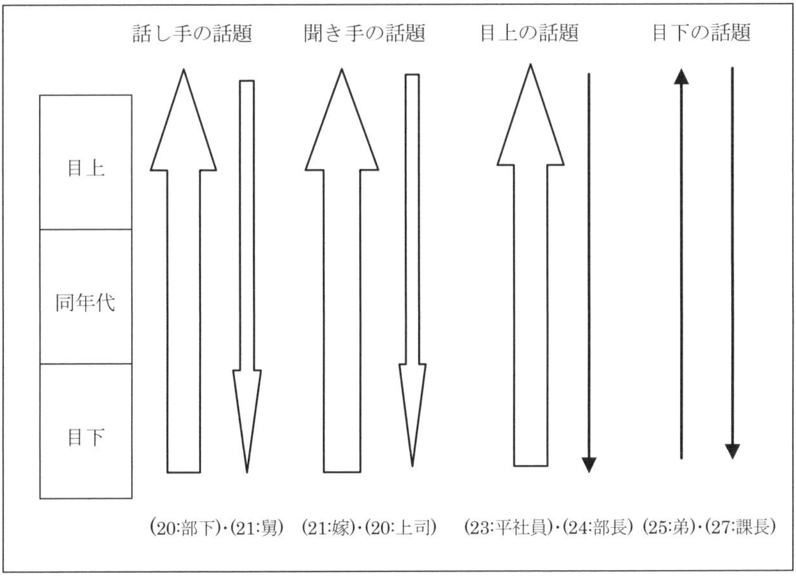

つまり、「薬酒」の使用に関する矢印の太さの相違は、「話し手」と「聞き手」の上下関係だけでなく話題の人物も関わっている。なお、中年以降の人は使っても若い世代はあまり用いないなどの世代間の差も見られ、複雑な使い方である。「薬酒」の使用に対する話者間のアンバランスさ、つまり矢印の太さは同じではないが、「話し手」と「聞き手」のどちらもが使えるという双方向性は確認できる。日本語のように均衡のとれた双方向性をもつ美化語ではないが、「薬酒」にも「美化語の要素」があると結論づけたい。

5．おわりに

以上、日本語における美化語の条件や基準、つまり「品格」や「双方向性」の有無、そしてその使用は必須ではなく選択できるという、「話し手」の任意による使用であることに照らし合わせて、韓国語の「말씀 malsseum」と「薬酒」を考察してきた。

日本語の美化語には品が漂うという表現効果があるが、韓国語の「말씀 malsseum」と「薬酒」にもそれと類似する「教養」を感じさせる側面がある。なお、「말씀 malsseum」と「薬酒」は「話し手」や「聞き手」の間で互いに使う双方向性も確認できる。しかし、その使い方には「話し手」や「聞き手」の上下関係、話題との関係、世代間の差が複雑に関わっており、それは矢印の太さ（使用頻度）として現れている。つまり、日本語の美化語に見られる対等な双方向性とは異なり、韓国語の「말씀 malsseum」や「薬酒」の双方向性を示している（図２）・（図３）では、その偏りが矢印の太さのアンバランスとして表れている。これは使用の「任意性」と関わっていることの表れである。

しかしながら、「말씀 malsseum」や「薬酒」の双方向性にアンバランスな側面はあるものの、日本語における美化語のもう一つの基準である「品格」、つまり「教養」が感じられる側面は一致している。従って、「말씀 malsseum」や「薬酒」は日本語における美化語の特徴とほぼ合致しており、「美化語の要素」を有する語彙であると結論づけられる。

最後に、韓国語の「말씀 malsseum」や「薬酒」が日本語の美化語と完全に一致していないのは、韓国社会の根底にある敬語の使い方、年齢による根強い上下関係、そして若い世代の意識の変化などが複雑に絡んでいるためだと考える。

注

（1）萩野貞樹（2005）は、従来、美化語と言われている言葉を否定し、尊敬語と見なしている。これは裏を返せば、日本語における美化語の位置づけや敬語との関係を明確にしていない現れと言える。

（2）韓国語のローマ字表記は、「国語의 로마字 表記法」『文化観光部告示』第 2000-8号（2000 年 7 月 7 日)に準ずる。

（3）『訓民正音諺解』序文には「나랏 말싸미 듕귁에 달아･･･（国語が中国語と異なり･･･)」と記している。この諺解は作者未詳であり、1447 年頃編纂されたものと考えられている。さらに、中宗（1506～1544）に編纂された『小学諺解』には「말쌈만니그니･･･（言葉だけが上手な人･･･)」とあるが、今に伝わる『小学諺解』は、1586年に編纂したものである。ここで中世韓国語における「말씀 malsseum」の意味は別にして、すでに中世の時代から使われてきたことを確認しておきたい。

（4）「尊敬助詞」に関しては、鄭貞美（2014）「韓国語と日本語の敬語助詞－主格と与格助詞を中心に－」(『東アジア研究』62 号、大阪経済法科大学アジア研究所、日本）を参照されたい。

（5）「－겠－gess」に関して詳しくは、鄭貞美（2012）a「韓国語「－겠－gess」に関する意味機能の考察－敬語に付くケースを中心に－」(『韓国文化研究』創刊号、韓国文化学会、日本)を参照されたい。

（6）韓国で「品」ないし「品格」とすれば、行儀やしぐさに関する意味合いが強く、「教養」と言えば言葉使いが含まれる。『東亜チャム(참)国語辞典』(斗山東亜、2009、韓国）では、「社会生活や学識に基づいて成し遂げられる品行と文化に対しての知識」と規定している。

（7）例えば、「帰国」は「国に帰る」という意味であるため、「帰」の動詞と名詞の「国」を組み合わせた語彙である。

（8）韓国KBSドラマ「복희누나（ボキ姉)」は、2011年11月7日から2012年5月4日まで放映された。1960年代～70年代を時代背景とする、このドラマは主人公の복희（ボキ）が逆境を乗り越えて成功する過程を盛り込んでいる。登場人物として복희（ボキ）と異母兄弟の弟であるボクナム（복남）は、酒蔵を経営する人に再婚した母に連れて行かれ、嫁ぎ先の子供である은주（ウンジュ）と暮らす。この은주（ウンジュ）は、医者の一人息子であるキムミンス（김민수）と結婚する。この対話における日本語訳は、放映の日本語字幕と多少、異なる。それは、なるべく「話し手」と「聞き手」の意図を汲み上げるためである。

第９章　日本語の乳幼児期にみる美化語

キーワード：乳幼児語、乳児語、幼児語、美化語、育児語、婦人語

１．はじめに

本稿は、日本の乳幼児期に使われる接頭辞「お」付けの美化語を取りあげて、乳幼児の成長段階を細分化し、それぞれの段階で用いられる美化語にはどんな語彙があって、その特徴は何か、それに反復性言葉の「乳幼児語」との関わりも加えて追究するのを目的とする。

まず、本稿では乳幼児の使う反復性の言葉をもって「乳幼児語」と呼ぶことにしたい。例えば、子供の使う「アワアワ」のような語彙を意味する。従来の研究では、この「乳幼児語」をもって＜幼児語＞としてきている。

＜幼児語＞に関しては多くの研究が行われてきたが、それらは主に音韻や音節に基づく研究が中心である。早川勝広（1973）は、＜幼児語＞の擬声擬態語を中心にして、それらに反復性があるのを明らかにしている。そして、窪薗晴夫（2006）は＜幼児語＞について、その特徴をいくつか取り上げているが、「２音節、３～４モーラの長さ、反復形が多い」ことを指摘し、この幼い子供の使う言葉に対して「ワンワン」と言った反復性の言葉をもって＜幼児語＞としている。さらには、この＜幼児語＞をもって「育児語」や「母親言葉」と言っている[1]。さらに、友定賢治（2006）も同じ用語を用いるが、その理由として幼児における言葉の学習だけではなく、地域社会の一員として迎え入れるための人間教育の言葉であるからと説いている[2]。

このように、＜幼児語＞に関しては多様な研究が行われてきているが、乳幼児期の「お」付けの美化語に関する研究はほとんど行われていない。つまり、乳幼児期における言葉の中で美化語の視点が欠落している。子供の言葉の出発点を＜幼児語＞に求め、反復性の言葉がその出発点のすべてかのように見なしているのである。この見解は、従来の研究における共通認識と言える。さらに、ここには子供の発達段階における乳児期という観念が抜け落ちており、この時期の乳児語という用語も設定されていない。その背景には、乳児は言葉を発することができないという固定観念があるためと考えられる。

しかし、人間の成長の営みにおいて乳児期を経ない人生はなく、たとえはっきりとした言語駆使の能力が身についていない時期であっても言葉に触れ

ないことはない。ことに、この乳児期の子供は言葉が定着していないこともあって、親をはじめとする周りの人間が必死で子供に言葉を身につけさせようとする。そのため大人たちは子供に繰り返し言葉をしゃべりかけ、子供に何らかの反応や言葉を発するよう促すものである。

本稿では、乳幼児期という子供の発達過程を細分化して「乳児期」と「幼児期」に分け、なお乳幼児の言葉をめぐる用語の定義も改める。そこで、先行研究においては欠落している乳児期という時期や概念を設定して「乳児語」とし、幼児期の言葉は「幼児語」という用語を用いる。さらに、乳児期と幼児期にまたがる時期に対しては「乳幼児期」とし、この時期の言葉を「乳幼児語」と定めたい。つまり、子供の発達段階において使われる言葉を細分化しながらも連続的に捉える。

詳細には、乳児期における「乳児の美化語」（以下、「乳児語」とする）と幼児期における「幼児の美化語」（以下、「幼児語」とする）をそれぞれ個別に捉え、その違いを見据えながらも、その間には乳幼児期の「乳幼児語」という乳児期と幼児期を繋ぐ連続的な語彙も存在することにも目を向ける。

以下では、この「乳児語」や「幼児語」、そして「乳幼児語」を交えながら乳幼児期のことばの分析を行う。そこで、おおよその年齢をもって両者を区切ると、乳児期は０～２歳（３歳の直前まで）、そして幼児期は子供が保育所や幼稚園に入って卒業する概ね３～５歳になるまでとする[3]。年齢による区切りには個人差、そして保育所や幼稚園に通うかどうかによる差が介在するため、概ねの傾向であることを予め明記しておく。ちなみに、乳児期や幼児期を経験した子供は小学校に入学する「児童期」（６歳～８歳になるまで）の「児童語」に入るが、期間だけを提示して本稿では触れないことにする。

２．乳幼児の言葉をめぐる用語

乳幼児期の乳幼児を対象とする言葉に関する多様な用語やその意味合いについて、予め明確にしておきたい。乳幼児の言葉は、概ね３つの基準でもって分けられよう。一つ目は使用主体、二つ目は使用目的、三つ目は成長過程による区分である。その用語としては「育児語」[4]・「母親言葉」・「母親語」[5]・「婦人語」[6]・「先生語」・「乳児語」・「乳幼児語」・＜幼児語＞・「幼児語」・「児童語」が取り上げられる。

これらの中で使用主体による用語と見なせるのは、「母親言葉」・「母親語」・「婦人語」・「先生語」・「乳児語」・「乳幼児語」・＜幼児語＞・「幼児語」・「児童語」である。乳幼児を育てる上で、誰が乳幼児の言葉を誘導していくのかの主体を表す用語は「母親言葉」・「母親語」・「婦人語」・「先生語」であろう。つまり、乳幼児の言語を母親（夫人）、そして先生が主体的にリードしていくということである。「乳児語」・「乳幼児語」・＜幼児語＞・「幼児語」・「児童語」とは、言葉を発する主体が乳児・幼児・児童という意味である。但し、「乳児語」の使用主体である乳児は、実際に言葉を駆使することができないため、乳児を言葉の主体と見なすにはやや問題点があると言えよう。

次に、使用目的に基づく用語は「育児語」と言える。つまり、乳幼児の言葉は乳幼児を育てるという意向が強いからである。実際、一般的に乳幼児語の研究において「育児語」というのは、反復性のある言葉やモーラ性のある言葉の意味合いとして使われる。しかし、乳幼児期のみならず児童期におけるすべての言葉も乳幼児の子供を育てるという機能を果していることを鑑みると、「育児語」が含みうる対象時期や対象の子供の幅が広すぎる。その意味で、もう少し育児の時期を厳密に分けて使用目的による名づけが必要であろう。つまり、「育児語」とは乳幼児から児童に至るまで使う言葉は、すべてが育児を目的とする言葉なのである。

最後に、成長過程による用語は「乳児語」・「乳幼児語」・「幼児語」・「児童語」である。これらは乳児期に使う「乳児語」、乳幼児期の「乳幼児語」、幼児期の「幼児語」、そして児童期の「児童語」と理解できよう。しかし、すでに見てきたように、これらの用語は使用主体の観点から考えることもできる。なお、従来の研究では「乳児語」という概念が設定されていない。これらの用語の諸問題について新たな概念を提示しながら、論を進めていく。

３．乳児語

日本語には美化語が発達しており、とりわけ乳児期（０～２歳＜３歳の直前まで＞）この子供に対してよく用いるのが乳児の美化語の「乳児語」である。この「乳児語」にはどのような言葉があるのか調べて取りあげ、その使用主体や言葉の特徴について分析を行う。

（１）「乳児語」（０歳～２歳＜３歳の直前まで＞）

① お乳

② お寝んね
③ お目々
④ お手々
⑤ お耳
⑥ お口
⑦ おへそ
⑧ おしっこ
⑨ お腹

上記の「乳児語」は個人差はあるものの、この時期の乳児を育てる家庭では聞くことができる言葉である。ところで、子供は生まれて即座、言葉を発するわけではなく、片言を口にしたりするのは約１歳頃であると言える。したがって、この乳児期の子供はほとんど言葉を発することができないため、子供自身が①〜⑨の語彙を主体的に用いることはない。また実際に子供が言葉を駆使することは、２歳になるまでは難しい。子供が１歳までは、子供は主に喃語をしゃべるのである。

では、この「乳児語」を用いる主体は誰であろうか。それは主に親が子供に対して繰り返し口にする言葉であり、発する主体はほとんど母親である。多少の言葉を真似ることができる１歳以降の子供も「乳児語」を用いるが、やはり能動的ではなく受動的である。

ところで、これら①〜⑨は、乳児が聞いて理解するかどうかは別にして、絶えず母親が一方的に子供に語りかける語彙である。例えば、０歳児の子供はしゃべることはもとより理解もしていないが、母親は子供に乳を与える時に「お乳、飲もうね」、寝かせる際は「お寝んねしよう」、排尿時は「おしっこしたね」、風呂に入れながら「お口、拭こうね」などの言葉を発する。さらに、母親が０歳児に語りかける場面を取り上げると、以下のような具合である。

母親（話し手）：おおきいおめめだねー。
０歳児（聞き手）：・・・
母親（話し手）：ママのおめめも一緒よ。
０歳児（聞き手）：・・・

つまり、生まれてから片言を発することができる１歳頃まで、母親が繰り返し子供に話しかける「乳児語」はほとんど母親の独り言に近い。ここで、「聞き手」の０歳児はまだ話せないため、ここには「話し手」と「聞き手」がともに同じ語彙を用いる双方向性がないように見える(7)。「乳児語」は乳児が能動的に使うのではなく、日本語を取得させるため母親が用いる語彙である。

しかしここで留意したいのは、たとえ０歳児の「聞き手」が言葉を発していなくても「話し手」の母親の「ママのおめめも一緒よ」という場面からは、その双方向性が間接的に読み取れる。

０歳児が片言を話せる１歳くらいになると、子供は母親が発する「乳児語」を真似て言語の学習をしていく。しかし、あくまでも乳児期の子供が美化語を用いるのは能動的な主体としてではない。主に母親が用いる言葉に対して子供は受動的に反応し、ほとんど自主的に乳児語を使うことはないのである。つまり、「乳児語」は乳児のモチベーションではなく、乳児に接する大人の態度を反映するものである。

次は、母親が手の汚れている２歳児くらいの子供に語りかけて、手を洗うよう促す際、母親が子供に話す会話を取り上げよう。

母親（話し手）：お手々、きれいきれいにしようね。
２歳児（聞き手）：うん、お手々きれいにする。

この２歳児の例では、母親の独り言ではなく子供も真似て言葉を発するが、依然として母親が言葉の主体である。その意味で、「乳児語」は「婦人語」と言えよう(8)。これは、一般的に乳児の言語習得に母親が至大な影響を与えていることを表している。

大石初太郎（1974）は、大人の美化語には「品格が漂う」とするが、「乳児語」に品格は強く感じられない。とはいえ、全く感じないとは言えず、それよりは「柔らかさ」ないしは「優しさ」、そして３モーラの「リズム」がより強く感じられる。モーラであるが、「乳児語」の美化語には、概ね３モーラに近いリズムが多い。つまり、④「お手々」は「お」に「手」（て）を２回加えた形の３モーラ、そして⑥「お口」は「ぐち」に「お」を加えて同じく３モーラのリズム感を出している。

「乳児語」には乳児の身体に関わる語彙が多くみられるが、例えば「頭」には「お」を付けない。「あたま」に「お」を付けると、４モーラになるため付けないと推測される(9)。⑧「おしっこ」は４モーラに見えるが、実際は「しっ」は１モーラと見なすことができる。その意味で①～⑨の全ては３モーラの美化語である。

要するに、乳児期の美化語である「乳児語」は、大人の美化語が転用されている形と言える。但し、③④は接頭辞の「お」に同じ名詞が２回も重なっており、さらに変容が加わっている。この変容は３モーラを作るためであると考える。なお、大人同士の美化語と「乳児語」が同様に使用できるとは考えにくいが、⑨だけは大人の美化語としても普通に使用されている。

また、語彙の種類についてであるが、乳児にとって一番大事なのは、命をつないでいくことであり、そのために必要な食べ物である①「お乳」、そして体調維持の②「お寝んね」や⑧「おしっこ」、さらに身体に関する③～⑨、つまり自分が生きて存在するための語彙を中心に学習するのである。したがって、必然的に「乳児語」はこれらの語彙が中心となっている。

ここまでの分析をまとめると、乳児期の子供は主に母親が発する「乳児語」を聞いて成長する。子供が１歳以降になると、①～⑨の語彙を口にしたりもする。多少の言葉が駆使できるようになる２歳児頃には、子供自身も進んで少しずつ３モーラのリズム感のある「乳児語」を使うようになるということである。

４．乳幼児語

乳児期の「乳児語」以外に、乳児期や幼児期にまたがって子供が用いる「乳幼児語」がある。ここでは、その「乳児語」について代表的な言葉を取り上げて分析を行う。

以下の「乳幼児語」は、「乳児語」とは異なる形の語彙である。これらの語彙は地域や人によって多少異なることもあるが、ある程度共通性を持つものである[(10)]。

（2）「乳幼児語」（１歳になる頃～３歳くらいまで）

（一）モーモー：牛
（二）ワンワン：犬
（三）ブーブー：車
（四）ニャーニャー：猫
（五）ゴロゴロ：雷
（六）タンタン：お風呂
（七）ジージー：祖父

（八）バーバー：祖母
（九）トト：魚
（十）きれいきれい：清潔にすること

上記の（一）～（十）以外の「乳幼児語」以外も数多く存在している。この「乳幼児語」を使う対象年齢は、概ね言葉を発することのできる頃の１歳から３歳くらいまでである。これらの「乳幼児語」は「乳児語」と違って、実際、子供の発音をさせるため反復性の言葉を作り出したと考えられる。

「乳児語」を用いる子供は、近くで守ってくれる両親の「ママ」や「パパ」という呼び名も学び、そして（一）～（十）の反復混じりの語彙を覚えていくのである。このパターンは１歳以降の子供が言葉の領域を広げていく一般的な傾向と言えよう。

ところで、「乳幼児語」を用いる主体は、婦人や先生と言った限られた人だけではなく、子供を取り巻く周りの人々が子供に使う言葉である。というのは、例えば次のような場面に遭遇したりする。バスに乗るため、バス停に乳幼児語を用いる年頃の子連れの母親がいて、その隣には年配の人や他の大人たちが座っている。そこに犬を散歩させる人が通りかかり、乳幼児がその犬に反応した際、母親だけでなくその年配の人や他の大人たちまでもが犬を指さしながら子供に向かって「ワンワン」と声をかけるような場面である。このような場面は、そう珍しくない。つまり、ここで母親だけではなく周辺の人々も「乳幼児語」を学習させる主体の一部であることが分かる。

一般的に「乳幼児語」は子供がしゃべりだしてから用いる言葉であり、その特徴は反復性のある全く同じ言葉を２回もくっつけているという反復性である。「乳児語」は、「乳幼児語」のような完全な形の反復ではないが、語頭の「お」を除けば③は「め」の反復である。その意味で④～⑤も同じく反復性がみられる。⑤はそもそも反復の形の語彙であるため、③④と同じ効果がある。すでに取りあげた「パパ」、「ママ」、そして身の回りを整理する意味の「ないないしよう（片付けよう）」も（２）のような反復性の語彙である。

これらの「乳児語」や「乳幼児語」は、同じ音韻の反復という相通じる部分がある。窪薗晴夫（2006）は、＜幼児語＞（本稿の「乳幼児語」に当たる）において「反復形が多い」ことについては、すでに指摘をしているのである。なお、（一）～（五）は擬声語の反復語で、早川勝広（1973）は擬声・擬態語をもって幼児語の反復性について論じている。同じ反復であっても（六）～（十）は一般的な反復語であり、リズムと関わりがあると考えられる。

このように、「乳児語」には、反復や３モーラのリズムが主流であるのに対し、「乳幼児語」は４モーラのリズムで反復性が強いのが、その特徴である。この「乳幼児語」は「乳児語」より多少遅く親が口にするが、子供の発音練習に直接繋がる言葉である。つまり、親が口にする順番は「乳幼児語」から「幼児語」であるが、子供が発音するようになるのはほぼ同時と見なせよう。

また語彙の種類に関しては、「乳児語」が乳児自身の身体や食事・排泄などに関わる語が中心であるのに対し、「乳幼児語」は乳幼児が関わる他者（外の世界）を指す語が多くなってくる。これは、自分と母親だけだった世界から徐々に外の世界との関わりを広げていく子供の成長の過程を考えてもごく自然なことだろう。

５．幼児語

５－１．幼児語の種類や特徴

一般的に幼児期（３歳～５歳になるまで）に入ると、子供は保育所や幼稚園に通うようになる。それに伴って主に母親が語りかける乳児期とは異なり、保育所や幼稚園の先生が子供の言葉の発達に加わる。この保育所や幼稚園で用いられる「幼児語」を取り上げ、その使用主体と特徴について考察を行う。

（３）「幼児語」（３歳～５歳になるまで）

（ⅰ）お絵かき
（ⅱ）お遊び
（ⅲ）お集まり
（ⅳ）お歌
（ⅴ）お椅子
（ⅵ）お部屋
（ⅶ）お教室
（ⅷ）お靴
（ⅸ）お洋服
（ⅹ）お友達
（ⅺ）お家
（ⅻ）お散歩
（ｘⅲ）お休み

（3）「幼児語」は、子供が「乳児語」を経験した後、保育所や幼稚園で用いる新たな美化語である。幼児期の子供は乳児期の子供より言語発達が目に見えて活発な時期であり、「乳児語」が主に自身の身の回りに関する言葉であるのに対し、「幼児語」は保育所や幼稚園で適用される語彙にまでその範囲の広がりを見せる。飯島孝夫（1974）は、「幼児語」は幼稚園に多いようであり、幼稚園が一部富裕階級のものであった時代の遺物だという。

ところで、（ⅰ）～（ⅲ）・（xⅲ）は動作表現を縮めて名詞化した美化語であり、言葉自体に反復性は見られない。なお、「乳児語」の3モーラ優勢に対し、「幼児語」ではリズムは様々であり特定の型は感じられない。そして、「幼児語」は保育所や幼稚園で先生がしゃべる主体となり、子供は先生の言葉にしたがって反復しながら話したり、覚えたりするのが一般的な傾向である。その意味で「幼児語」は先生が主体的な役割を果たすので「先生語」とも言えよう。なお、この（ⅰ）～（x）は保育所や幼稚園で行われる行為や使う道具が中心である。但し、（xi）「お家」は子供が自分の家を離れて保育所や幼稚園に行って学び、家に帰るという行為から付随的に生じた言葉と言える。他にも保育所や幼稚園で使う語は、「お外（で遊びましょ）」、「お庭」、「お着替え」、「お泊り会」、「お山（に登りましょ）」などが取り上げられる。要するに、これらの「幼児語」は「乳児語」より外の世界と通じるイメージの美化語である。

したがって、幼児期の「幼児語」は、大人の美化語がそのまま転用されている形が多いと言える。大人同士の美化語と「幼児語」が相通じるとは考えにくいかもしれないが、明らかに「乳児語」よりは「幼児語」のほうが大人の美化語に繋がる語彙が多くなっている。例えば、（ⅱ）・（ⅲ）・（x）～（xⅲ）は大人も用いる美化語である。

このように、「乳児語」や「幼児語」は、子供の性別を問わず女性の保護者の影響で用いている傾向が強い。その理由は家庭における子育ての主体が母親であり、保育所・幼稚園の教師にも女性が多いからである。一般的に大人の美化語が女性の言葉と言われる理由がこの「乳児語」や「幼児語」においても強く表れる。

この「乳幼児語」（従来の研究では「幼児語」と称する）は、しばしば「育児語」・「婦人語」と呼ばれるが、乳幼児期を「乳児期」と「幼児期」に分けると、前者は「育児語」・「婦人語」、後者は「先生語」と言うことも可能である。これらは言葉の使用主体による名付けであるが、子供に教えて育てるという目的に基づいて言えば「育児語」ないし「教育語」とも言える。

5－2．「乳児語」・「乳幼児語」・「幼児語」の使用時期

すでに考察してきた「乳児語」、「乳幼児語」、「幼児語」は、それぞれ用いる時期にいかなる特徴があるのか、その比較を行うことにする。それぞれの時期を示せば、以下の（図１）の通りである。

（図１）「乳児語」・「乳幼児語」・「幼児語」の時期

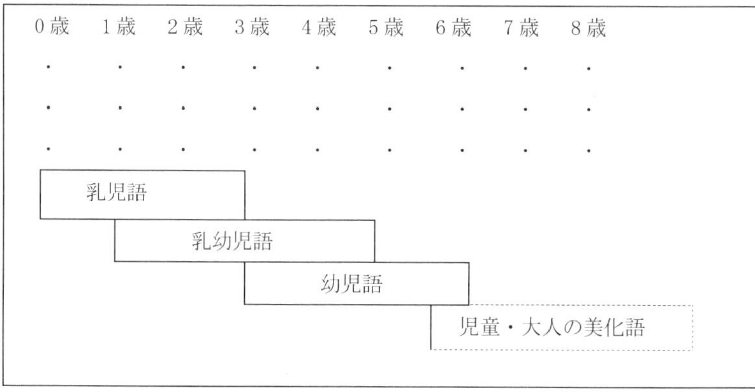

（図１）で見るように、「乳児語」は幼稚園に通う頃になると、使わない傾向にあると言えよう。そして「乳幼児語」は子供が言葉を発していない時期はほとんど含まれず、乳児と幼児にまたがる時期に用いる傾向にある。「乳児語」は大人の美化語のように年代に関係なく用いるのではなく、乳児期をもって終了するのである。「乳児語」を用いる時期が終了する前、つまり片言を駆使できるようになると、「乳幼児語」を使い出す。つまり、「乳児語」は保育所、そして「乳幼児語」は幼稚園、「幼児語」は小学校ではあまり使わなくなり、小学校では主に「児童・大人の美化語」を用いるようになる。「幼児語」を用いるにあたって、「乳児語」はほとんど使わない断絶性を見せる。しかし、「乳幼児語」の（七）「ジージー」、（八）「バーバー」、さらには「ママ」・「パパ」は少し年齢がずれてまで、つまり小学生が使うこともあるが、基本的には幼い言い方である感じが強い。

保育所の入所や幼稚園の入園とともに盛んに使われていた「幼児語」も「児童期」に入ると、やがては用いなくなり、「乳児期」や「幼児期」の美化語と

決別する非連続性を見せる。大人の美化語が年齢や年代に関係なく使うこととは異なる。つまり、「乳児語」は「幼児期」に入ると、その使う頻度が減りつつ、新しい「幼児語」へ移行するが、「幼児語」を使いだすとともに「乳児語」はほとんど用いない断絶性が見られる。というのは、保育所や幼稚園に通い出して「幼児語」を用いると、「乳児語」は使わないのである。（図１）はこのような流れを克明に示している。しかし、一部の「幼児語」、つまり「お家」・「お散歩」・「お休み」などは大人の美化語にまで繋がる。

この「乳児語」と「幼児語」の断絶性の背景には、子供自身にとって外の世界に接して「幼児語」が「乳幼児語」より大人のような感じがあるためであろう。つまり、「幼児期」の子供は「乳児語」に対して「幼稚さ」・「幼さ」を感じていると考えられる。したがって、「乳児語」は大人の美化語への移行はほとんど見られず、その前段階の「幼児語」にまでにしか移行しないという断絶性を見せる。ちなみに、保育所や幼稚園に通う幼児期の子供にとって、「乳児語」だけではなく「乳幼児語」も同じく「幼稚さ」・「幼さ」の感情を持つので、これらも幼稚園の年長組になるにつれて断絶性が見られるのであろう。

６．おわりに

従来の＜幼児語＞とは、幼児期に使われる反復性のある言葉で、乳児期や幼児期に用いる美化語に関しては研究を行ってこなかった。本稿では、乳幼児の言葉をめぐる多様な用語の定義を行い、また子供の発達段階を細分化して「乳児期」における美化語の「乳児語」や「幼児期」における美化語の「幼児語」に区別し、さらに「乳児期」や「幼児期」にまたがる反復性言葉の「乳幼児語」も加えて考察を行った。要するに、従来の研究では取り上げることがなかった乳児期の美化語を「乳児語」、従来は＜幼児語＞としてきた反復性のある言葉を「乳幼児語」、そして今まではあまり触れていない幼児期の美化語を「幼児語」と定義しなおした。

「乳児語」は母親が主導して、ほぼ一方的に母親が子供に語りかける言葉である。そこで、母親は言葉使用の主体的役割を果たしており、その意味で「婦人語」・「母親語」である。この「乳児語」の特徴は、子供自身の身の回りに関わる語彙が中心で３モーラのリズム感があり、多少の反復性も認められる。

「乳児語」は乳児からの自発的な言語ではなく、乳児に接する大人の態度を表すものである。この「乳児語」は大人の美化語が転用されている形と言えるが、ごく一部の語彙はさらに変容が加わっている。「乳児語」が大人同士の美化語と相通じるとは考えにくいが、ごく一部は大人の美化語に継承されている。

次いで乳児期においても子供が片言を駆使できる頃になると、「乳幼児語」を用いるようになるが、その語彙には反復性が強く4モーラのリズム感が漂う。この「乳幼児語」は、母親以外の周りの人々も子供に用いるのである。母親が「乳幼児語」を口にするのは「乳児語」より多少遅れるが、子供の発音練習に直接繋がる言葉である。そこで、親が口にする順番は「乳児語」から「乳幼児語」、そして「幼児語」であるが、「乳幼児語」は子供が両者を発音し出すようになるのはほぼ同時である。

これらの「乳児語」は保育所や幼稚園に通い出すと、使わない断絶性を見せる。この「乳児語」は大人の美化語へ移行しないが、一部の「幼児語」は大人の美化語としても用いられる。ちなみに、幼稚園の年長組になると、「乳幼児語」も敬遠して使わなくなる。

幼児期の美化語である「幼児語」も大人の美化語が転用されている形と言える。この「幼児語」は保育所や幼稚園で用いる言葉で、子供にとって生活の領域が広がっていることを示し、施設の先生が主体となって使うのである。その意味で「先生語」とも言われる。そして、「乳児語」や「幼児語」に「ご」付けの美化語はほとんど見あたらない。このいずれの美化語も双方向性はあるが、大人の美化語にみる品や品格も完全に否定はできないものの、それよりは「優しさ」・「柔らかさ」・「幼さ」・「幼稚さ」が目立つ言葉と言えよう。

これらの「乳児語」・「乳幼児語」・「幼児語」は「児童期」へ向かう頃には用いなくなるが、その移行の過程は（図1）で示した通りである。つまり、「乳児語」・「乳幼児語」・「幼児語」はそれぞれ断絶性を見せながらも一部は継承され、児童語、ひいては大人の言葉に移行していくのである。ことに、「乳児語」や「幼児語」の間には非連続性が大きい。

注

（1）友定賢治（2005）や窪薗晴夫（2006）を参照されたい。

（2）早川勝広（1975〜1977）は幼児に対して使われる語を「育児語」とし、幼児の言語使用そのものの「幼児語」と区別するということを提唱している。

（3）『世界大百科事典』（第2版、平凡社、2005）では、幼児期（10ヶ月から1歳頃まで）、幼児前期（日常生活に必要な地域社会で用いる語や文や音声が使えるようになる時期）、幼児後期（小学校にあがるまで）の3期に区別している。

（4）村田孝次（1960）、神鳥武彦（1971）、友定賢治（1979）、早川勝広（1981）、友定賢治（2006）を参照されたい。

（5）正高信男（1993）を参照されたい。

（6）漆崎正人（1980）を参照されたい。

（7）美化語の双方向性に関しては、鄭貞美（2012）b を参照されたい。

（8）漆崎正人（1980）は、幼児期に子供に使う言葉を「婦人語」としているが、これは『日葡辞書』に認定されている「婦人語」が幼児語と重なる部分が少なくないことを指摘している。しかし、乳児期の美化語である「乳児語」こそが「婦人語」と言えよう。

（9）頭は「おあたま」とは言わず、古語の「つむり（つぶり）」に「お」を付けて語尾を省略した「おつむ」とする。

（10）「乳幼児語」の地域的な特徴や分布については、鏡味明克（2006）を参照されたい。

第10章 結論

本研究では、日本語と韓国語における敬語の意味・機能に関する分析を進め、従来の研究では明らかにしていない両言語の助詞・用言・人称詞における敬語の意味機能、そして美化語の意味機能について考察を行った。敬語の範疇に美化語を入れて追究を行い、2つの部に分けて第Ⅰ部では助詞・用言・人称詞、そして第Ⅱ部では美化語に焦点を当てた。

以下、各部において得られた成果や明確にした内容を詳細にまとめ、日韓の敬語研究における意義や位置づけを行うことにする。

第Ⅰ部の日本語と韓国語の助詞・用言・人称詞における敬語の意味機能では、次のことを明らかにすることができた。

第2章では、一般的に日本語と韓国語は類似性があると言われており、敬語体系や、その構造も非常に似ているということを前提に論を進めている。敬語の分類は、日本語の4つの分け方（尊敬語・謙譲語・丁寧語・美化語）に基づいて、それぞれの特徴についてまとめている。その中でも敬語の概要や先行研究、そして日韓の尊敬語・謙譲語・丁寧語について詳しい説明を行っている。

第3章では、韓国語と日本語の敬語助詞は、韓国語の「－께－kke」、日本語の「－に」に他の助詞を加える。しかし、韓国語の「－께－kke」は与格の敬語助詞であるが、日本語の「－に」は一般助詞である。日本語の「－に」は与格以外に場所格（位置格）に使われることもある。これに対応する韓国語の助詞は「－에－e」である。韓国語や日本語の（位置格）に関する敬語助詞は存在しない。また、韓国語の敬語助詞は主体（主語）・与格・所有格に亘っているが、一方日本語は主に主体・与格に留まっている。そして、韓国語は尊敬の属性を持つ主体や会話のなされている状況、つまり「話し手」と「聞き手」の上下関係及び話題の人物によって、様々にその敬語助詞の使い方が決まる。一方、日本語は手紙など、非対面の場面や多少の物理的距離感のある場合に使われる。また敬語助詞は、韓国語は口語体、日本語は文語体に用いられる傾向があるとも言える。しかし、これらの敬語助詞は、敬語の使用基準が崩れていっている傾向の中、その使い方が正確さを欠いていることも事実である。また、韓国語と日本語に共通した言語的特徴から、対面対話に

おける助詞は省かれる習性が強いため、敬語助詞は口語体より文語体に強く残る傾向をたどっている。

第４章では、「話し手」が１人称主語、つまり「話し手」自身の話を「聞き手」にする時、「謙譲用言」に「－겠－gess」を加えた場合、謙譲をさらに強める「強化機能」が見られ、「極謙譲」と位置付けた。「話し手」が２人称（聞き手）を主語にして発話する時、「尊敬用言」・「一般用言＋(-시-si)」に「－겠—gess」を付けると、「－겠－gess」は「尊敬用言」や一般用言の尊敬の度合いを強める「強化機能」があると分かり、「極尊敬」と名付けた。「話し手」が「聞き手」に対し、３人称主語の話題を発話する際、３人称主語が同席している場合の「尊敬用言」・「一般用言＋(-시-si)」に「－겠—gess」を付けたら尊敬を一層強める「強化機能」が見られ、一方、同席していないケ-スにおける３人称主語の「－겠－gess」は、推測・推量の意味機能しかないと分かった。特に、「－겠－gess」が平叙文の過去形と結合した場合は推測の度合いが強く、疑問文では反語の意味をもつ。

第５章では、日韓における人称詞・呼称の「あなた」と「当身」について、語用論的な観点に立ち、「話し手」と「聞き手」の人間関係、さらに用言の共起まで視野に入れて、口語体（対面会話）を中心に、「等称（Formal)」・「下称（Informal)」・「敬称（Respect)」の３つに分類して考察を行い、以下のような特徴や傾向が見られた。まず、「等称」の２人称詞・呼称として用いられる「あなた」と「当身」には、日韓ともに、主として中年の人々が使う傾向にあるという共通点が見られた。ことに、家庭で使われる「あなた」は、主に妻が夫に用いることに対し、「当身」は夫婦の相互が使う。さらに、韓国語における「等称」の「当身」は日本語に比べて使用される範囲が狭い。また、「あなた」と「当身」に共起する用言は、概ねぞんざいな言い方が自然であるが、愛情が込められている。逆に「聞き手」が多数の場合は丁寧な用言を用いる。次に「下称」としての「あなた」と「当身」は、日韓で類似している。主に、相手を責めたり、叱責する場面で用いられることが多く、けなす意味合いが強い。力関係によって上位の者が用いる傾向にあるが、日韓で異なる点として日本では親が子供を叱るときに、「あなた」を用いるが、韓国では同じ場面でも子供に「当身」は使わない。共起用言としては「等称」と同様、主にぞんざいなものを用いるが、けなしたり憎んだりする意味で使っている。場合によって叱責される対象が年上の場合や品位を考慮する際には、多少の丁寧な用言を用いることもある。最後に、「敬称」の「あなた」と「当身」においても、日韓には多少の差が見られる。日本語ではほとんどが２人称詞・呼称の敬称となるが、韓国語では２人称詞・呼称は希である。また、３人称やその呼称の敬称としても「あなた」と「当身」を用いるが、韓国語におけるその用途は日本語よりも幅が広い。共起する用言は敬称であるだけに丁寧な言い方が自然である。特に、神に対しては尊敬の念を抱いた最高レベルの敬語の用言を用いるのである。

従来の研究では、日本語と韓国語の様々な共通点について多くの研究がなされてきているが、「敬語助詞」、韓国語の「－겠－gess」、日韓の「あなた」と「当身」については明確にしてこなかった。そこに着目して、以上のことを明らかにしたのは、日本語と韓国語の敬語だけではなく両言語の対照研究を進める上で大きな意義があると考える。

次に第Ⅱ部では、韓国語と日本語における美化語の意味機能について考察を行った。日本語における美化語の定義を行いつつ、韓国語における美化語の存在を見つけ、名詞を中心とする日本語における美化語の派生の諸側面、また乳幼児期の美化語について分析をした。

第６章では、尊敬語・謙譲語・丁寧語と美化語を照らし合わせつつ、美化語の先行研究の整理を行った。日本語には美化語が非常に発達しているにも関わらず、従来の研究では明確な定義が行われてこなかった。そこで、対話の中での使われ方やそれぞれの特徴を示し、美化語とは何かを明確に示すことができた。美化語とは、使うと「品格」が漂い、「話し手」や「聞き手」の地位や上下関係に関係なく両者が使える「双方向性」があり、用いないからと言って非難される可能性も低い「任意性」に満ちた、そして弱いわきまえの水準に留まっている言葉であると定義を行った。美化語は丁寧語と共通する部分もあり、美化語が丁寧語から生まれて派生した敬語という属性が強いことを示し、今後の課題についても触れた。

第７章では、日本語の接頭辞「御」、つまり「オ」・「ゴ」・「オン」・「ギョ」・「ミ」の付く語彙の意味機能の中で、尊敬の意を表す「ミ」を中心に付け方の歴史や特徴、その機能変化について考察を行った。一般的に「ミ」は神仏・天皇・貴人など尊敬すべき人に属するものに付けるという説明であるが、前近代の『吉利支丹教義』（文禄期）には「ミ」の用例が見られない。しかし、今日のキリスト教（カトリック）には接頭辞の「ミ」が使われており、すでに『吉利支丹教義』で使われていたことと同様、「オン」も用いている。ことに、天皇・公家/貴人・神仏・キリスト教・祖霊のことに付けられる一部の語彙おける「ミ」は、固有名詞化したり、またあまり用いず死語化したりしている傾向にある。反面、神仏やキリスト教などの宗教の場では、今も相変わらず用いられているのである。キリスト教では、ミサや祈りの中では「ミ」と併用して尊敬の意味の「オン」も使っている。天皇家や公家でも「オン」を用いて、一般社会においても使っているが、文語体に使う傾向が強い。今日、天皇家に付ける敬語の意味機能としての接頭辞「御」は、主に「ゴ」や「オ」を付けている。尊敬を表す接頭辞の「ミ」は「ゴ」より敬意度が高く、さらに「オン」よりも敬う意味合いが強い。

しかし、接頭辞の「ミ」は敬う意味合いだけではなく、異なる機能への変化を見せているのである。御籤（ミクジ）は、神による吉凶の判断であるが、「御籤」の「御」を「神」に変え、さらにその前に「御」を付けて御神籤（オミクジ）となった。つまり、尊敬語の接頭辞「ミ」、その前にさらに「オ」を付けることによって「ミ」の尊敬の機能は「神」に変わり、本来の尊敬の「ミ」は美化語の「オ」に変化して、美化語化している。神などを敬う意味合いとして「ミ」が付けられた尊敬語語彙の一部は、神を美しく表す美化語へと機能変化を起こしている。

第８章では、日本語における美化語の基準である「品格」、「双方向性」、「任意性」を定義し、これに基づいて韓国語の「말씀malsseum」と「薬酒yagjju」という語彙が美化語であることを明らかにした。韓国語の「말씀malsseum」と「薬酒」にも日本語の美化語のような品（韓国では教養とする）を感じさせる側面があり、「話し手」や「聞き手」の間で互いに使う双方向性も確認できた。しかし、その使い方には「話し手」や「聞き手」の上下関係、話題との関係、世代間の差が複雑に関わっており、日本語の美化語でみる「話し手」や「聞き手」における対等な双方向の使い方とは異なる。韓国語の「말씀malsseum」や「薬酒」の双方向性を示しているが、使用の度合いには偏りがみられ、これは任意性と関わっていることの表れである。

しかしながら、「말씀malsseum」や「薬酒」の双方向性にアンバランスな側面はあるものの、日本語における美化語のもう一つの基準である「品格」、つ

まり「教養」が感じられる側面は一致している。したがって、「말씀malsseum」や「薬酒」は日本語における美化語の特徴とほぼ合致しており、「美化語の要素」が存在する語彙と結論づけられる。この韓国語の「美化語の要素」を立証することによって、本研究における日韓の敬語分類も同じ大系になった。つまり、日本語の「尊敬語」・「謙譲語」・「丁寧語」・「美化語」に、韓国語の「聴者待遇」・「客体待遇」・「主体待遇」・「美化語の要素」という大系が対応する形である。

第９章では、子供の発達段階を細分化して「乳児期」における美化語の「乳児語」や「幼児期」における美化語の「幼児語」に区別して、「乳児期」や「幼児期」にまたがる反復性の言葉の「乳幼児語」も加えて考察を行った。従来の研究では取り上げることがなかった乳児期の美化語を「乳児語」、従来は＜幼児語＞としてきた反復性のある言葉を「乳幼児語」、そして今まではあまり触れていない幼児期の美化語を「幼児語」と定義しなおした。「乳児語」は母親が主導して、ほぼ一方的に母親が子供に語りかける言葉である。そこで、母親は言語使用の主体的役割を果たしており、その意味で「婦人語」・「母親語」とも言える。この「乳児語」の特徴は、子供自身の身の回りに関わる語彙が中心で３モーラのリズムを持ち、多少の反復性も認められるということである。「乳児語」は乳児からの自発的な言葉ではなく、乳児に接する大人の態度を表すものである。この「乳児語」は大人の美化語が転用されている形と言えるが、ごく一部の語彙はさらに変容が加わっている。「乳児語」が大人同士の美化語と相通じるとは考えにくいが、ごく一部は大人の美化語に継承されている。次いで子供が片言を駆使できる頃になると、「乳幼児語」を用いるようになるが、その語彙には反復性が強く４モーラのリズムのものが多い。この「乳幼児語」は、母親以外の周りの人々も子供に用いる。母親が「乳幼児語」を口にするのは「乳児語」より多少遅いが、子供の発音練習に直接繋がる言葉となっている。親が口にする順番は「乳児語」から「乳幼児語」、そして「幼児語」であるが、「乳幼児語」は子供が「乳児語」と「幼児語」を発音し出すようになるのとほぼ同時である。「乳児語」は保育所や幼稚園に通い出すと、使わない断絶性を見せる。この「乳児語」は大人の美化語へ移行しないが、一部の「幼児語」は大人の美化語としても用いられる。ちなみに、幼稚園の年長組になると、「乳幼児語」も敬遠して使わなくなる。幼児期の美化語である「幼児語」も大人の美化語が転用されている形と言える。この「幼児語」は保育所や幼稚園で用いる言葉で、子供にとって生活の領域が広がっていることを示し、施設の先生が主体となって使うのである。その意味で「先生語」とも言われる。そして、「乳児語」や「幼児語」に「ご」付けの美化語はほとんど見あたらない。このいずれの美化語も双方向性はあるが、大人の美化語にみる品格も完全に否定はできないものの、それよりは「優しさ」・「柔らかさ」・「幼さ」・「幼稚さ」が目立つ言葉と言えよう。これらの「乳児語」・「乳幼児語」・「幼児語」は「児童期」へ向かう頃には用いなくなるが、「乳児語」・「乳幼児語」・「幼児語」はそれぞれ断絶性を見せながらも一部は継承され、児童語、ひいては大人の言葉に移行していくのである。ことに、「乳児語」や「幼児語」の間には非連続性がある。

このように、第Ⅰ部（敬語）２章～５章、第Ⅱ部（美化語）の６章～９章に亘って考察をしてきたが、新たに見つかったことや議論しきれず残された課題も多い。

今後、日韓の敬語に関する課題としては、韓国語と日本語の対照研究のできることがいいだろう。というのは、韓国語と日本語は類似しているため、類似した敬語を分析することによって自国語の研究では見えなかったことが見えてくることがあるためである。その代表的なのが韓国語の「当身」と日本語の「あなた」の違い、そして美化語を敬語の範疇に入れることで、日本語の美化語の定義に基づいて韓国語における美化語を見つけ出しすことができたことである。つまり、ゲーテの言った「自国語を詳しく知ろうと思ったら、外国語を知るべきである」という言葉を再確認したわけである。

しかし、美化語は未だに明らかになっていないことが多く、どんな言葉が美化語になるのか、また使うときと使わないときのさらなる追究が重要である。特に、会話の中で用いられる美化語が主観的、意識的、無意識的、習慣的に使われるものかどうかの分析は欠かせないことであると考える。さらに、個人差、地域差、性別差まで絡ませると日本における美化語地図も作成することができると考える。つまり、敬語と美化語に関して大ざっぱに指摘してきたことを、より明確に事案別に追究していくのが今後の課題である。

参考文献

＜日本語文献＞

飯島孝夫（1974)「敬語をどう指導するのか」『ことばシリーズ１－敬語－』文化庁

李翊燮/李相億/蔡琬（2004)『韓国語概説』大修館書店

池上秋彦（1972)「代名詞の変遷」『品詞別日本文法講座２名詞・代名詞』明治書院

石坂正藏（1944)『敬語史論考』文進堂版

井出祥子/桜井千佳子（1997)「視点とモダリティの言語行動」『視点と言語行動』、くろしお出版 119～153

井出祥子（1997)『女性語の世界』明治書院

井出祥子（2006)『わきまえの敬語論』大修館書店

井上史雄（2012)「美化語「お」の循環過程と幼児語の「お」」『外国語学部論集』第 24 集、明海大学

梅田博之（1969)「朝鮮語の敬語」『敬語講座』８、明治書院

梅田博之（1976)『韓国語Ⅰ・Ⅱ』東京三中堂

梅田博之（1977)「朝鮮語における敬語」『日本語４－敬語－』岩波書店

梅田博之（1987)「韓国の敬語」『月刊言語』７月号、大修館書店

梅田博之（1991)『スタンダードハングル講座』２、大修館書店

漆崎正人（1980)「幼児語成立過程の一考察―親族語彙「かか」「とと」成立周辺－」『国語国文研究』64 号、国語国文学会

大石初太郎（1974)「敬語の仕組み」『ことばシリーズ１－敬語－』文化庁

大石初太郎（1986)『敬語』筑摩書店

沖森卓也編/久保田篤（1994)『日本語史』おうふう

岡崎友子（2010)『日本語指示詞の歴史的研究』ひつじ書房

尾上圭介（2001)『文法と意味Ⅰ』くろしお出版

鏡味明克（2006)「幼児語の分布と伝播」『言語』35（９)、大修館書店

賈恵京（2001)　『日韓両国語における敬語の対照研究』白帝社

川端善明/仁田編（1977)『日本語文法　体系と方法』第 14 巻（言語編)、ひつじ書房

神鳥武彦（1971)『言葉の生態学』東京堂出版

菊地康人（1994)『敬語』角川書店

菊地康人（2010）『敬語再入門』、講談社学術文庫

菊地康人（2003）「敬語とその主な研究テーマの概観」『朝倉日本語講座８－敬語－』朝倉書店

北原保雄（1978）「敬語」『論集日本語研究』９、有精堂

金思燁（1981）『古代朝鮮語と日本語』明石書店

金珍娥（2007）「韓国語のローマ字表記表」『韓国語教育論講座全４巻』くろしお出版

金泰虎（2006）「日本における韓国語教育の諸問題」『韓国語教育の理論と実際』白帝社

金泰虎（2009）「日韓の家庭における対面呼称と接尾辞－家族構成員の関係からみる接尾辞の付け方と敬語の機能－」『言語と文化』13号、甲南大学国際言語文化センター

金泰虎（2012）『韓国理解への鍵』白帝社

金東昭/栗山英二（2003）『韓国語変遷史』明石書店

金水敏（1989）「敬語優位から人称優位へ：国語史の一潮流」『女子大文学国文篇』40、大阪女子大学

金水敏/岡崎友子/曺美庚（2002）『指示詞の歴史的・対照言語学的研究―日本語・韓国語・トルコ語―』シリーズ言語学４　対照言語学』生越直樹編、pp. 217-247、東京大学出版社

金水敏（2004）「敬語動詞における視点中和の原理について」『文法と音声』Ⅳ、くろしお出版

金田一京助（1942）「女性語と敬語」『国語研究』八雲書林

金田一京助（1959）『日本の敬語』角川書店

久野暲（1983）『新日本文法研究』大修館書店

窪薗晴夫（2006）「幼児語の音韻構造」『言語』35（９）、大修館書店

小泉保（2007）『日本語の格と文型』大修館書店

国立国語研究所（1990）『日本語教科書指導参考書８－日本語の指示詞―』

国立国語研究所（2007）「巻末資料 敬語の方針（抄）平成19年2月2日文化審議会答申」『新「ことば」シリーズ21　私たちと敬語』

紙谷栄治（1990）「現代語の敬語について」『武庫川女子大学言語文化研究所年報』第２号、武庫川女子大学

佐伯哲夫（1989）「敬語変遷の捉え方」『現代敬語の展開』和泉書院
佐久間鼎（1959）「言語における水準移転」『日本語の言語理論』厚生閣
桜井光明（1971）「近代の敬語Ｉ」『敬語史』講座国語史第５巻、大修館書店
坂本恵（2008）「敬語表現の意味するもの」神奈川大学外国語研究センター
菅原範夫（2002）『キリシタン資料を視点とする中世国語の研究』武蔵野書院
鈴木孝夫（1973）『ことばと文化』、岩波書店
鈴木孝夫（1985）「自称詞と対称詞の比較」国広哲弥よい『日英比較講座５－文化と社会』17－59　大修館書店
鈴木孝夫（1997）『ことばと文化』岩波書店
鈴木睦（1997）「日本語における丁寧体世界と普通体世界」『視点と言語行動』くろしお出版
宋敏（1999）『韓国語と日本語のあいだ』草風館
高山善行（2002）『日本語のモダリティ史的研究(言語編)』ひつじ書房
滝浦真人（2005）『日本語の敬語論』大修館書店
田窪行則（1997）「日本語の人称表現」『視点と言語行動』くろしお出版
鄭貞美（2012）ａ「韓国語「－겠－gess」に関する意味機能の考察－敬語に付くケースを中心に－」『韓国文化研究』創刊号、韓国文化学会
鄭貞美（2014）ｂ「韓国語に見られる美化語の要素－「말씀malsseum」と「薬酒yagjju」を中心に－」『韓国文化研究』４号、韓国文化学会
鄭貞美（2013）ｃ「日韓における人称代名詞・呼称「あなた」と「当身」―等称・下称・敬称を含む多義性の考察―」『日本語学研究』第 35 輯、韓国日本語学会
鄭貞美（2014）「韓国語と日本語の敬語助詞－主格と与格助詞を中心に－」『東アジア研究』62 号、大阪経済法科大学アジア研究所
辻村敏樹（1963）「敬語の分類について」『国文学　言語と文芸』第5巻2号、大修館書店

参考文献

辻村敏樹（1967）『現代の敬語』共文社

辻村敏樹（1968）『敬語の史的研究』東京堂出版

辻村敏樹（1968）「吉利支丹関係資料に見える敬語接頭辞について」『敬語の史的研究』東京堂出版

辻村敏樹（1976）「敬語と非敬語」『国語と国文学』53 巻 10 号、東京大学国語国文学会

辻村敏樹（1977）「日本語の敬語の構造と特色」『日本語４－敬語－』岩波書店

辻村敏樹（1991）『敬語の用法』角川書店

辻村敏樹（1992）『敬語論語』明治書院

土井忠生（1969）『日本語の歴史』至文堂

藤堂明保（1969）『漢語と日本語』秀英出版

時枝誠記（2005）再販『日本文法(口頭篇)』岩波書店

時枝誠記（2005）再販『日本文法(文語篇)』岩波書店

友定賢治（1979）「壱岐島方言の育児語」『文教國文學』８号、広島文教女子大学国文学会

友定賢治（2005）「育児という概念の有効性」『育児語彙の開く世界』和泉書院

友定賢治（2006）「育児語の方言地図」『言語』35(9)、大修館書店

外山映次（1977）「敬語の変遷（２）－古代敬語から近代敬語へ－」『日本語４-敬語-』岩波書店

永田高志（2001）『第三者待遇表現史の研究』研究叢書 256、和泉書院

中村桃子（2012）『女ことばと日本語』岩波書店

西田直敏（1987）『敬語』東京堂出版

西田直敏（1995）『自敬表現の歴史的研究』和泉書院

西田直敏（1998）『日本人の敬語生活史』翰林書房

西田直敏（2001）『日本語史論考』和泉書院

西田直敏（2003）「敬語史と現代敬語」『朝倉日本語講座８－敬語－』朝倉書店

日本語文法記述文法研究会（2003）『日本語文法４』くろしお出版

野間秀樹（1993）「現代朝鮮語の対格と動詞の統辞論」『言語研究Ⅲ』東京外国語大学、語学研究所

野間秀樹（1990）「朝鮮語の名詞分類」『朝鮮学報第』135 輯、別刷
野間秀樹（1998）「「하겠다」の研究－現代朝鮮語の用言の mood 形式をめぐって－」『朝鮮学報』129 輯、朝鮮学会
野間秀樹（2006）「現代朝鮮語の丁寧化のマーカー「－yo/－iyo」について」『朝鮮学報』第 199・200 輯合併号、朝鮮学会
野間秀樹（2009）「待遇表現と待遇法」『韓国語教育研究』PAICHAI 大学校韓国語教育研究所
萩野貞樹（2005）『ほんとうの敬語』PHP 新書、PHP 研究所
早川勝広（1973）「擬声擬態語の生成に関する一考察―幼児語を資料として―」『国文学攷』通号 61、広島大学国語国文学会
早川勝広（1975～1977）「育児研究の諸問題　上・中・下」『文教国文学』３・４・６号、広島文教女子大学国文学会
早川勝広（1981）「育児語と言語習得」『言語生活』筑摩書房
福島邦道（1973）『キリシタン資料と国語研究』、笠間書院
福島邦道（1995）『続キリシタン資料と国語研究』、笠間書院
白同善（1997）「日韓両言語の謙譲語の機能と種類」『日本語論究５敬語』和泉書院
堀井令以知（1990）『女の言葉』明治書院
松下大三郎（1930）改訂版『改撰標準日本文法』紀元社
三上章（1953）『現代語の法序説』刀江書院（復刊（2002）くろしお出版）
三上章（1955）『現代語法新説』刀江書院（復刊（2002）くろしお出版）
三上章（1959）『構文の研究』くろしお出版（復刊（2002）くろしお出版）
三上章（1963）『日本語の構文』くろしお出版（復刊、(2002）くろしお出版）
三上章（1970）『文法小論集』くろしお出版（復刊（1987）くろしお出版）
正高信男（1993）『０歳児が言葉を獲得するとき―行動学からのアプローチ ―』中公新書、中央公論社
益岡隆志（1987）『命題の文法』くろしお出版
益岡隆志/田窪行則（1992）『改定版基礎日本語文法』くろしお出版

益岡隆志（1997）「表現の主観性」『視点と言語行動』、くろしお出版
益岡隆志（2000）『日本語文法の諸相』くろしお出版
益岡隆志（2007）『日本語モダリティ探究』くろしお出版
益岡隆志（2009）「日本語の尊敬構文と内・外の視点」『「内」と「外」の言語学』開拓社
松尾勇（1984）　「対人関係と朝鮮語の対者敬語」『理論と実践天理大学』LL 研究室
町田健/籾山洋介（2002）『認知意味論のしくみ』研究社
三浦つとむ（1975）『日本語の文法-古典編-』勁草書房
南不二男（1974）『現代日本語の構造』大修館書店
南不二男（1987）『敬語』岩波書店
宮嶋博史（1995）『両班』中公新書
宮地裕（1965）　「敬語の解釈」国立国語研究所
宮地裕（1971）　「現代の敬語」『講座国語史５－敬語史－』大修館書店
宮地裕（1983）　「敬語をどうとらえるか」『日本語学』２巻１号、明治書院
宮地和人（2002）「モダリティ」『新日本語文法選書』４、くろしお出版
三輪正（2000）　『人称詞と敬語』人文書院
三輪正（2002）　『人称詞と敬語－言語論理学的考察－』人文書院
三輪正（2005）　『一人称二人称と対話』人文書院
三輪正（2010）　『日本語人称詞の不思議』法律文化社
村田孝次（1960）「育児語の研究―幼児の言語習得の一条件として―」『心理学研究』31－6、日本心理学会編集委員会
森山卓郎（2003）『コミュニケーション力をみがく』日本放送出版協会
森下喜一/池景来（1989）『日本語と韓国語の敬語』白帝社
森下喜一/池景来（1992）『日・韓対照言語学入門』白帝社
山梨正明（1995）『認知文法論』ひつじ書房
油谷幸利（2005）a『実用韓国語』白水社
油谷幸利（2005）b『日韓対照言語学入門』白帝社
李長波（2002）　『日本語の指示詞コソアの体系』京都大学学術出版会
渡辺実（1994）　『国語文法論』岩波書店
渡辺実（1997）　『日本語史要説』岩波書店

＜辞典類＞

『祈りの手帳』(2008) ドン・ボスコ社

『角川日本地名大辞典(兵庫県)』(1988) 角川書店

『広辞苑(第六版)』(2008) 岩波書店

『世界大百科事典』(2005) 第２版、平凡社

『デジタル大辞泉』(2011) 小学館

『典礼聖歌』(1980) あかし書房

『日本国語大辞典(第二版)』(2003) 小学館

大槻文彦 (1996)『新編大言海』富山房

下中直人 (1988)『兵庫県の地名』平凡社

松村明 (2006)『大辞林(第三版)』三省堂

油谷幸利/門脇誠一/松尾勇/高島淑郎 (1993)『朝鮮語辞典』小学館

榊原邦彦 (1999)『国語表現辞典』和泉書院

ロドリゲス (1953)『日本大文典』(土井忠生訳)三省堂

ロドリゲス (池上岑夫訳) (1993)『日本語小事典』岩波文庫

＜韓国語文献＞

강규선 (1997)「국어 경어법 연구」『국어 경어법 연구』 보고사, 한국 (姜圭善 (1997)「国語の敬語法研究」『国語の敬語法研究』ボゴサ、韓国)

고대곤 (1999)「현대 한일 양국어 경어 행동에 대한 대조 고찰」『한양일본학』제 7 권, 한양대학교, 한국 (高大坤 (1999)「現代韓日両国語の敬語行動に関する対照考察」『漢陽日本学』第 7 巻、漢陽大学校、韓国)

고영근 (1974) 「현대 국어 존비법에 관한 연구」『국어연구』제 10 쇄 2 호, 서울대학 어학 연구소, 한국 (高永根 (1974) 「現代国語の尊卑法に関する研究」『国語研究』第 10 刷 2 号、ソウル大学語学研究所、韓国)

고영근 (1988) 『표준　중세문법론』탑출판사, 한국 (高永根(1988) 『標準中世文法論』塔出版社、韓国)

고석주 (2001) 「국어 조사의 연구－「가」와 「－를」을 중심으로－」연세대 박사학위논문、한국 (コ・ソクジュ(2001)「国語助詞

の研究－「－ga」と「－leul」を中心に－」延世大博士学位論文、韓国）

고창수（1992）「국어의 격이론」『홍익어문』10・11, 홍익대, 한국（コ・チャンス（1992）「国語の格理論」『弘益語文』10・11、弘益大、韓国）

김근수（1947）『중학 국어 문법책』문교당출판사, 한국（金根洙（1947）『中学国語文法の本』文教堂出版社、韓国）

김양진（1999）「의사주격「에서」의 형태 통사론적 연구」한국어학회 제 123 차 월례발표회 발표요지문, 한국（キム・ヤンジン（1999）「意思主格「eseo」の形態論的研究」韓国語学会第 123 回月例発表要旨文、韓国）

김순임（2006）『한국어와 일본어의 제 3 자 경어 대조연구』박이정, 한국（金順任）（2006）『韓国語と日本語の第三者敬語の対照研究』博而精、韓国）

김은영（2009）「現代 日本語의 ２人称 代名詞에 대한 研究 －「あなた」를 중심으로－」『日語日文學研究 』70, 韓國日語日文學会、한국（金銀栄（2009）「現代日本語の２人称代名詞に対する研究—「あなた」を中心に—」『日語日文学研究』70、韓國日語日文学会、韓国）

김정아（1984）「15 세기 국어의 대명사에 관한 연구」국어연구회, 한국（キム・ジョンア（1984）「15 世紀国語代名詞に関しての研究」国語研究会、韓国）

김종훈（1984）「국어 경어법의 형태」『국어 경어법 연구』집문당,한국（金鐘塤（1984）「国語敬語の 形態」『国語敬語法研究』集文堂、韓国）

김차균（1981）「‘을’과‘겠’의 의미」『한글』제 173・174 호, 한글학회, 한국（金次均（1981）「‘eul’と‘gess’の意味」『ハングル』第 173・174 号、ハングル学会、韓国）

김형규（1975）「국어 경어법 연구」『동양학』제 5 집, 단국대학 동양학연구소, 한국（金亨奎（1975）「国語敬語法研究」『東洋学』第 5 輯、壇国大学東洋学研究所、韓国）

나진석（1953）「未來時相　補幹‘리’와‘겠’의交替」『國語國文學』

제 6 권, 국어국문학회, 한국（羅鎮錫（1953）「未來時相補幹‘li’ と‘gess’の交替」『國語國文學』未來時第 6 巻、国語　国文学会、韓国）

남기심/고영근（1985）『표준국어문법연구』탑출판사, 한국（南基心/高永根（1985）『標準国語文法論』塔出版社、韓国）

문화관광부（1988）『국어 어문 규정집』대한교과서 주식회사, 한국（文化観光部（1988）『国語語文規定集』大韓教科書株式会社、韓国）

모리모토카츠히코（2001）한국어 양태소「겠」과 일본어 양태소「う」의대조 분석」『한국어학』제 14 집, 한국어 학회, 한국（森本勝彦（2001）「韓国語の様態素「겠」と日本語の様態素「う」の対照分析」『韓国語学』第 14 集、韓国語学会、韓国）

박근호（1990）「선어말 어미‘－겠’에 대한 연구」경북대학교 석사논문, 한국（パク・グンホ（1990）「先語末語尾の「－gess」に関する研究」慶北大学校碩士論文、韓国）

박영순（1976）「국어 경어법의 사회 언어학적 연구」『국어국문학』72・73, 국어국문학회, 한국（朴榮順（1976）「国語敬語法の社会言語学的研究」『国語国文学』72・73、国語国文学会、韓国）

박옥숙（1987）「임의적 불확실성과 화자의 주관적 선택 －겠의 화용론」『한글』제 198 호, 한글학회, 한국（パク・オクスク（1987）「任意的不確実性と話者の主観的選択－gess の語用論」『ハングル』第 198 号、ハングル学会、韓国）

백동선（2003）『일본어의 대우표현』보고사, 한국（白同善（2003）『日本語の待遇表現』ボゴサ、韓国）

서덕현（1996）『경어법과 국어교육 연구』국학자료원, 한국（ソ・ドッキョン（1996）『敬語法と国語教育研究』国学資料院、韓国）

서정수（1972）「현대 국어의 대우법 연구」『국어연구』제 8 쇄 2 호, 서울대학 어학연구소, 한국（徐正洙（1972）「現代国語の待遇法研究」『国語研究』第 8 刷 2 号、ソウル大学語学研究所、韓国）

서정수 (1984) 『존대법 연구』 한신문화사, 한국 (徐正洙 (1984) 『尊待法の研究』ハンシン文化社、韓国)

성기철 (1970) 「국어 대우법 연구」『충북대 논문집』4, 충북대학교, 한국 (成耆徹 (1970)「国語待遇法研究」『忠北大論文集』4、忠北大学校、韓国)

성기철 (1984) 「국어 대우법 연구」『국어 경어법 연구』집문당, 한국 (成耆徹 (1984)「国語待遇法研究」『国語敬語法研究』集文堂、韓国)

성기철 (2007) 「경험과 추정」『한국어 문법연구』글누림, 한국 (成耆徹 (1979)「経験と推定」『韓国語文法研究』クルヌリム、韓国

안병희/이광호 (1992) 『국어 문법론』학연사, 한국 (アン・ビョンヒ/イ・ガンホ(1992) 『中世国語文法論』ハックヨン社、韓国

염재일 (2005) 「「－겠」과 「－을 것」의 양태 비교 연구」『언어와 정보』9－2、한국 언어 정보학회, 한국 (ヨム・ジェイ (2005)「－gess」と「－eulgeoss」の様態比較研究」『言語と情報』9－2、韓国言語情報学会、韓国)

우메다히로유키 (1990)) 「경어에 관한 한일 대조 연구—절대경어와 상대경어—」『일본학지』10, 일본연구학회, 한국 (梅田博之 (1990)「敬語に関する韓日対照研究—絶対敬語と相対敬語—」『日本学誌』10、日本研究学会、韓国)

유구상 (1970) 「主格「께서」攷 」『새 국어교육』14・15 호, 한국교육학회, 한국 (柳亀相 (1970)「主格「kkeseo」攷」『新国語教育』14・15 号、韓国教育学会、韓国)

양영희 (2006) 「인칭 대명사의 기능 변화 유형과 원인－중세의 3인칭에서 현대의2인칭화로－」『우리말글』38 호, 우리말글학회, 한국 (ヤン・ヨンヒンヒ (2006)「人称代名詞の機能変化の類型と原因－中世の3人称から現代の2人称へ－」『我々の言葉と文字』38 号、ウリマルグル学会、韓国)

유송영 (2004) 「2인칭 대명사「당신」・「자네」・「너」의 사용」

『한국어학』23, 한국문화사, 한국（ユ・ソンヨン（2002）「２人称代名詞の「当身」・「君」・「お前」の使用」『韓国語学』23、韓国文化社、韓国）

이기문（1972）『한국 인칭 대명사의 변천』한신문화사, 한국 pp. 3, 47, 65, 83, 93（李基文(1972)『韓国の人称代名詞の変遷』ハンシン文化社、韓国）

이기문（1991）『국어 어휘사 연구』동아출판사, 한국（李基文(1991)『国語語彙史研究』東亜出版社、韓国）

이숭령（1964）「경어법 연구」『진단학보』25・26・27, 진단학회, 한국（李崇寧（1964）「敬語法の研究」『震壇学報』25・26・27、震壇学会、韓国）

이숭령（1984）「경어연구」『국어 경어법 연구』집문당, 한국（李崇寧（1984）「敬語研究」『国語敬語法研究』集文堂、韓国）

이윤하（2001）『현대 국어의 대우법 연구』역락, 한국（李潤夏（2001）『現代国語の待遇法研究』ヨクラク、韓国）

이익섭（1974）『국어 경어법의 체계화문제』국어학 2、국어학회, 한국（李翊燮（1974）『国語敬語法の体系化の問題』国語学２、国語学会、韓国）

이익섭（1994）『사회 언어학』민음사, 한국（李翊燮（1994）『社会言語学』民音社、韓国）

이익섭（1997）「경어법」『한국어의 언어』신구문화사, 한국（李翊燮（1997）「敬語法」『韓国語の言語』シング文化社、韓国）

이익섭/채완（1999）『国語文法論講義』학연사, 한국（李翊燮/蔡琬（1999）『国語文法論講義』学研社、韓国）

이익섭（2009）『한국어 문법』서울대학교 출판문화원, 한국（李翊燮（2009）『韓国語文法』ソウル大学校出版文化院、韓国）

이정복（2002）「한국어의 경어법」『힘과 거리의 미학』서동, 한국(イ・ジョンボク（2008）「韓国語敬語法」『力と距離の美学』ソトン、韓国）

이찬규（2006）「－겠」의 原型意味考察」『어문논집』 제 37 집, 민족어문학회, 한국（イ・チャンギュ（2006）「－gess」の原型意味考察」『語文論集』第 37 輯、民族語文学会、韓

国）
임동훈（2001）「「-겠」의 용법과 그 역사적 해석」『국어학』37 집，국어학회、한국（イム・ドンフン（2001）「「-gess」の用法とその歴史的解釈」『国語学』37 輯、国語学会、韓国）
임칠성（1991）「비확정 서술의 -겠 에 대하여」『국어국문학』105，국어국문학회，한국（イム・チルソン(1991)「非確定叙述の-gess について」『国語国文学』105、国語国文学会、韓国）
임홍빈/장소원（1995）『국어 문법론Ⅰ』방송대 출판부，한국（イム・ホンビン/ジャン・ソウォン（1995)『国語文法論Ⅰ』放送大出版部、韓国）
전혜영（1995）「한국어 공손현상과 -겠 의 화용론」『국어학』26，국어학회，한국（ジョン・ヘヨン(1995)「韓国語の謙譲現象と-gess の語用論」『国語学』26、国語学会、韓国）
주시경（1910）『국어문법』박문서관, 한국（周時経（1910）『国語文法』パクムンソガン、韓国）
최현배（1971）『우리말본』정음문화사，한국（崔鉉培（1971）『我が文法』正音文化社、韓国）
한길（2005）『현대 우리말의 반어법 연구』도서출판 역락，한국（ハン・ギル（2005）『現代韓国語の反語法研究』図書出版ヨクラク、韓国）
한미경（2006）「韓・日 両国人의 対人意識에 의한 敬語行動」『日本研究』第 28 号，한국외국어대학교 일본연구소，한국（韓美卿（2006)「韓・日両国人の対人意識による敬語行動」『日本研究』第 28 号、韓国外国語大学校日本語研究所、韓国）
허웅（1961）「15 세기 국어의 존대법과 그 변천」『한글』128，한글학회，한국（許雄（1961)「15 世記国語の尊待法とその変遷」『ハングル』128、ハングル学会、韓国）
허웅（1963）「또다시 존대법의 문제를 논함」『한글』131，한글학회，한국（許雄（1963)「もう一度尊待法の問題を論ずる」『ハングル』131、ハングル学会、韓国）
허웅（1995）『20 세기 우리말의 형태론』샘 문화사，한국（許雄（199

5)『20世紀我が言葉の形態論』セム文化社、韓国)

황화상 (2005) 「「－께서」 의 문법 범주와 형태소 결합관계」『사림어문연구』15권, 사림 어문학회、한국 (ファン・ファサン(2005)「「－kkeseo」の文法範疇と形態素の結合関係」『士林語文研究』15巻、士林語文学会、韓国)

＜辞典類＞

「국어의 로마자 표기법」『문화 관광부 고시』 제2000-8호 (2000년 7월7일), 한국 (「国語のローマ字表記法」『文化観光部告示』 第2000-8号 (2000年7月7日)、韓国

『*HE 21ST CENTURY Korean-English Dictionary*』 (2005) 도서출판 한세본, 한국 (『*HE 21ST CENTURY Korean-English Dictionary*』 (2005) 図書出版ハンセボン、韓国)

『동아(참)국어사전(제2판)』(2011)두산출판, 한국 (『東亜(チム)国語語事典(第2版)』(2011)斗山出版、韓国

＜その他＞

Dallet Ch. (1874) *La Langue Corèenne, Histoire df L'Eglise de Corèe*, Paris 第1冊

成稿一覧

第３章　韓国語と日本語の敬語助詞―主体（主語）助詞を中心に―

「韓国語と日本語の敬語助詞―主体（主語）助詞を中心に―」（『東アジア研究』62 号、大阪経済法科大学アジア研究所、2014 年、日本）

第４章　韓国語の「－겠－gess」に関する意味機能の考察

―敬語に付くケースを中心に―

「韓国語の「－겠－gess」に関する意味機能の考察―敬語に付くケースを中心に―」（『韓国文化研究』創刊号、韓国文化学会、2012 年、日本）

第５章　日韓における人称詞・呼称の「あなた」と「当身」

―等称・下称・敬称を含む多義性の考察―

「日韓における人称代名詞・呼称の「あなた」と「当身」―等称・下称・敬称を含む多義性の考察― 」（『日本語学研究』第 35 輯、韓国日本語學會、2013 年、韓国）

第７章　日本語における接頭辞「御」の付く語彙について

―「ミ」の派生の諸側面―

「日本語における接頭辞「御」の付く語彙について―「ミ」の派生の諸側面― 」（『東アジア研究』62 号、大阪経済法科大学アジア研究所、2013 年、日本）

第８章　韓国語に見られる美化語の要素

―「말씀 malsseum」と「薬酒 yagjju」を中心に―

「韓国語に見られる美化語の要素―「말씀 malsseum」と「薬酒 yagjju」を中心に―」（『韓国文化研究』第４号、韓国文化学会、2014 年、日本）

第９章　日本語の乳幼児期にみる美化語

「日本語の乳幼児期にみる美化語」（『日本語学研究』第 44 輯、韓国日本語學會、2015 年、韓国）

あとがき

2006 年、姫路獨協大学大学院言語教育研究科の博士前期課程を修了し、しばらく勉強という世界から離れていた。しかし、引き続き博士後期課程に進学し研究を続けたい気持ちがずっと心の隅にあったため、2009 年、研究という怖さを知らず、やる気と情熱だけで運よく神戸市外国語大学大学院の益岡ゼミの博士後期課程に進学することができた。博士前期課程の研究分野とは異なる研究分野に入り、研究における苦労は覚悟をしていたが、これを皮切りに試練は始まった。新たな問題意識をもって研究領域を開拓するため、それなりに頑張ったが、課題設定どころか来る日も来る日もまともな問題意識に基づく文章を書き上げる苦労の日々だった。振り返ってみると、その苦労の期間は博士論文を書き上げるための基本や知識を貯める期間だったような気がする。「学問に王道なし」ということばのように、今も書く力は狭い分野に限られていて実力の足りなさを実感している。

この博士論文を書き終えるまでは、多くの方々に助けて頂いた。まず、最初から最後まで手ほどきやご指導下さった益岡隆志先生には深く感謝申し上げたい。また、キリシタン史について丁寧にご教示下さった福田嘉一郎先生、韓国語に関して様々なご教示を下さった韓国語の専門家でいらっしゃる塚本秀樹先生、中井幸比古先生、山口治彦先生にも感謝の意を表す。そして、初めて発表をする機会を与えてくださり、その上、厳しいご指摘、ご助言を頂いた甲南大学教授・韓国文化学会会長の金泰虎先生、和歌山大学名誉教授の柏原卓先生にもご助言をいただいており、この紙面を借りて謝意を表したい。

さらに、博士後期課程の同期でありながら、日本語の添削や様々なアドバイス、そして心の支えになってくれた林可奈子さんの恩は忘れがたい。また、徳山聖美さん、同期の孫樹喬さん、益岡ゼミ生の皆様にも衷心より感謝申し上げる。最後に、韓国からいつも応援してくれた妹たちや家族にも感謝する。

出版に当たっては、岸本誠さんと白帝社の伊佐順子さんに大変お世話になった。

2016 年 9 月　吉日

鄭　貞美

鄭　貞美（チョン　ジョンミ）
韓国生まれ。
神戸市外国語大学大学院外国語研究科文化交流専攻博士後期課程修了
博士（文学）
現在、甲南大学・近畿大学非常勤講師

日本語と韓国語における　敬語の意味・機能に関する研究

2016年9月10日　初版発行

著　者　鄭　貞美
発行者　佐藤康夫
発行所　白 帝 社
〒171−0014　東京都豊島区池袋2−65−1
電話　03−3986−3271
FAX　03−3986−3272（営）/ 03−3986−8892（編）
http://www.hakuteisha.co.jp/
カバーデザイン　（株）アイ・ビーンズ

印刷・製本　モリモト印刷（株）

Printed in Japan　ISBN978-4-86398-279-6